Dr. Mark Oelmüller / Dr. Thomas Peters

Die erste Hausarbeit im Öffentlichen Recht

Grundlagen und Musterhausarbeiten

COPYRIGHT: Richter-Verlag
Hans-Peter Richter
Paul-Schroeder-Straße 18
24229 Dänischenhagen
Tel. 04349-1725
Fax 04349-571
e-mail: RICHTER-VERLAG@t-online.de
Website: www.Richter-Verlag.de

Druck und Verarbeitung: Druckerei Schmidt & Klaunig, Kiel

Weitere Bücher dieser Reihe sind erhältlich über den Buchhandel oder direkt vom Verlag.

4. Auflage 2010

ISBN 978-3-935150-40-8

Inhaltsübersicht

Vorwort

Nachdem unsere Skripten weiterhin großen Anklang bei der Studentenschaft finden, freuen wir uns, dieses Skript in einer neuen und überarbeitenden Auflage präsentieren zu können.

Auch dieses Skript ist wie gewohnt für juristische *Studienanfänger* bestimmt und soll sich deshalb nur an deren Belangen orientieren. Es ist nicht als hochgradig juristisches Lehrbuch gedacht, sondern will vielmehr dem Einsteiger helfen, die erste Hausarbeit im „Ö-Recht" zu verfassen und auch gut zu bestehen.

Hat man die erste Vorlesungszeit hinter sich gebracht und „freut" sich nun auf die scheinbar unendlich langen „Semesterferien", so ist diese Freude bei den meisten Juristen nur von kurzer Dauer, denn im Jurastudium gibt es keine wirklichen Semester-Ferien. Zumindest war es bei uns beiden der Fall und so ist es wohl auch bei den meisten anderen. Denn in dieser Zeit heißt es, sich mit einer juristischen Hausarbeit auseinander zu setzen. Der Sachverhalt ist schnell abgeholt, und nun sitzt man da und überlegt sich, wie man eine gute Lösung auf das Papier bringt.

Wahrscheinlich gibt es an allen Universitäten Einführungsveranstaltungen zu dem Thema „Die juristische Hausarbeit", eine wirkliche Hilfe wird durch derartige Veranstaltungen selten gegeben. Orientierungshilfen bieten vielmehr Hausarbeiten älterer Semester, an denen sich fast jeder Student „entlanghangelt".

Dieses Skript soll durch die umfassende Sammlung verschiedener Probleme, die in einer Anfängerhausarbeit im öffentlichen Recht thematisiert werden könnten, dieser Orientierungslosigkeit entgegenwirken. Im Folgenden sind zunächst allgemeine Grundsätze sowie Hinweise zum Verfassen Hausarbeiten im öffentlichen Recht genannt und anschließend Hausarbeiten abgedruckt, mit denen die Arbeit hoffentlich erleichtert wird.

An dieser Stelle möchten wir unseren Dank folgenden Personen aussprechen, ohne deren Mithilfe die Veröffentlichung dieses Skriptes nicht möglich gewesen wäre: Markus Artus, Nadine Küster (geb. Neugebauer), Björn Kerbein, Peggy Rateike und Herrn Simon Stark von der Ruhr Universität Bochum.

Dortmund / Hamburg, im Februar 2010.

Dr. Mark Oelmüller **Dr. Thomas Peters**

1. Teil: Grundlagen

I. Die ersten Schritte

1. Der Sachverhalt

Hat man sich den Sachverhalt abgeholt, heißt es erst einmal *lesen und verstehen*. Dabei ist auf „versteckte Hinweise" besonders zu achten. Denn übersieht man solche, so gerät man schnell auf eine falsche Bahn. Normalerweise sind alle Sachverhaltsangaben in dem späteren Gutachten zu verarbeiten.

2. Grobe Lösungsskizze erstellen

Nun gilt es einen Platz zu finden, an dem man ungestört mit seinen Kommilitonen diskutieren kann und überlegt, welche Tatbestände betroffen sein könnten. Dabei kann man durchaus die Ideen der anderen beachten, sollte sich allerdings nicht immer wieder von seinem eigenen Lösungsweg abbringen lassen.

Natürlich ist die Lösungsskizze nicht sofort bis in das kleinste Detail anzufertigen. Wichtig ist nur, dass eine Grobskizze erstellt wird, die durch die weitere Bearbeitung ständig verfeinert wird.

3. Gutachten erstellen

Dann ist es an der Zeit: Man nimmt seinen Entwurf der Lösung und geht in die Bibliothek, um die einzelnen Probleme zu erforschen. Dabei nimmt man sich zunächst einen Teil heraus und fängt an. Tja, wie fängt man an? Das wollen wir mit diesem Skript natürlich erklären.

Von der Fülle der zur Verfügung stehenden Quellen (Lehrbücher, Kommentar, Zeitschriften, Monographien etc.) sollten man sich nicht irritieren lassen. Meist genügt die Orientierung an einem oder wenigen Lehrbüchern oder Skripten um die Probleme des Falles zu erkennen und bearbeiten zu können. Machen sie sich aber frühzeitig mit den einschlägigen juristischen Datenbanken (juris, BeckOnline uä.) vertraut. Diese ermöglichen es, bei richtigem Einsatz, einschlägige Rechtsprechung für die Hausarbeit zu finden. Aber auch hier hilft zunächst der Blick in die Literatur, die in aller Regel auf entsprechende Gerichtsentscheidungen verweist.

Ferner gibt es neben diesem auch noch weitere **Skripten** aus dem **Richter Verlag** in der Reihe ***JURISTISCHE GRUNDKURSE***, die hierfür ebenso hilfreich sind.

II. Der Aufbau einer Hausarbeit

Schon bei den Formalia einer Hausarbeit gibt es Vorschriften, teils stillschweigende, teils auf dem Sachverhalt abgedruckte. Diese sind **zwingend** einzuhalten. Die einzelnen Teile der Hausarbeit sind in folgender Reihenfolge anzuordnen:

1. **Deckblatt**
2. **Sachverhalt**
3. **Gliederung**
4. **Literaturverzeichnis**
5. **Gutachten mit anschließender Unterschrift**

zu 1: Das *Deckblatt* sollte wie folgt aufgebaut sein:

Name
Anschrift
Semesterzahl
Matrikelnummer

Übung im öffentlichen Recht für Anfänger
Prof. Dr. Hase
WS 2010/2011
Hausarbeit

zu 2: Der *Sachverhalt* ist in Originalform zu übernehmen und stellt die zweite Seite der Hausarbeit dar.

zu 3: Die *Gliederung* vermittelt dem Leser einen Überblick über das Gutachten und zeigt ihm die gedankliche Abfolge der Prüfung. Dabei ist zu beachten, dass in der Juristerei der Aufbau nach einem strengen Muster erfolgt, nämlich dem **alphanumerischen** System, das dem Dezimalsytem vorzuziehen ist.

Das alphanumerische System gliedert sich wie folgt:

Teil 1, A, I, 1, a, aa, (1), (a), (aa).

Wichtig ist, dass einem Gliederungspunkt mindestens ein weiterer auf derselben Gliederungsebene folgt („wer A sagt, muss auch B sagen; wer I sagt, muss auch II sagen usw.“).

Jeder Gliederungspunkt ist mit einer Überschrift zu versehen, z.B.:
A. Verfassungsbeschwerde des A

Beispiele hierzu sind den nachfolgenden Hausarbeiten zu entnehmen!

zu 4: In das *Literaturverzeichnis* ist die gesamte Literatur aufzunehmen, die in den Fußnoten des Gutachtens zitiert wird. Hierbei sind Kommentare, Lehrbücher, Festschriften, Aufsätze, Anmerkungen zu Urteilen und Dissertationen aufzunehmen. Hingegen gehören zitierte Gerichtsentscheidungen und Fundstellen der zitierten Gesetze nicht in das Verzeichnis.

Der Aufbau sollte alphabetisch nach dem Namen der Verfasser erfolgen. Eine Untergliederung zwischen Kommentaren, Lehrbüchern usw. ist dabei nicht erforderlich, wird sogar nur ungern gesehen.

Beachte: Skripten der verschiedenen Repetitorien und wohl auch diese Reihe, JURISTISCHE GRUNDKURSE, sind wohl leider **nicht zitierfähig**. Das bedeutet man darf sie nicht in Fußnoten zitieren und daher auch nicht im Literaturverzeichnis anführen!

> Das hat aber einen großen Vorteil. Man kann aus diesen Werken "Anregungen für Formulierungen, Streitstanddarstellungen" usw. ohne Angabe einer Quelle verwerten!

zu 5: Bei dem *Gutachten* ist das DIN A4-Blatt in der Regel **einseitig**, mit der Schriftgröße **12 pt,** einem Zeilenabstand von **1,5** und mindestens einem linksseitigen Rand von **1/3 (7cm)** zu bedrucken. Die Überschriften im Gutachten müssen denen der Gliederung entsprechen. Die einzelnen Seiten sind mit Seitenzahlen zu versehen.

III. Die „Ö-Rechts-Hausarbeit“

An dieser Stelle sollen kurz wichtige Standardformulierungen dargestellt und anfängerspezifische Probleme gelöst werden.

1. Der Gutachtenstil

Wichtig bei den juristischen Hausarbeiten ist die strenge Einhaltung des sogenannten „Gutachtenstils“. Einer der häufigsten Fehler besteht darin, in den verpönten Urteilsstil zu verfallen. Beim Urteilsstil wird ein Ergebnis vorweggenommen und anschließend begründet.

So heißt es beispielsweise im Gutachtenstil: „Durch das Berufsverbot könnte A in seinem Grundrecht aus Art. 12 I GG verletzt sein.“ und nicht wie im Urteilsstil „A ist in seinem Grundrecht aus Art. 12 I GG verletzt, weil er seinen Beruf nicht mehr ausüben darf.“. Gutachtenstil heißt demnach zu subsumieren (lat.: unter ein Thema zusammenfassen), also:

a. Eine Frage im Konjunktiv aufwerfen
b. Die Frage erörtern
c. Die Frage beantworten

a. Eine Frage im Konjunktiv aufwerfen
Durch das Berufsverbot könnte der Schutzbereich des Art. 12 I GG verletzt sein.

b. Die Frage erörtern
Durch Art. 12 I GG werden sowohl die Berufswahl als auch die Berufsausübung geschützt. (Definition der einzelnen Begriffe) Hier darf A seinen Beruf nicht mehr ausüben.

c. Die Frage beantworten
Somit liegt ein Eingriff in den Schutzbereich des Art. 12 I GG vor.

Tauchen in den gewählten Formulierungen Wörter wie *„weil, da, denn“* oder ähnliche auf, so muss überprüft werden, ob es sich dann nicht um Urteilsstil handelt.

Ausnahmsweise jedoch muss der Urteilsstil verwendet werden, wenn im Gutachten unstreitige Informationen aus dem Sachverhalt genutzt werden. Aber auch nur dann!

2. Das Gutachten an sich

Der Aufbau verschiedener Hausarbeiten im öffentlichen Recht scheint zunächst stets unterschiedlich und sehr undurchsichtig zu sein. Allerdings lassen sich häufig Gemeinsamkeiten finden, die sich durch eine Vielzahl von Hausarbeiten und Prüfungen erstrecken.

Zunächst sollte zu jeder Frage, die man erörtern möchte, eine kurze Überschrift ausgewählt werden. Diese sollte eine Kurzbeschreibung der folgenden Prüfung enthalten. Z.B. also: „Zulässigkeit der Verfassungsbeschwerde des A".

Hiernach folgt jeweils ein Einleitungssatz, in dem erst die konkrete Handlung dargestellt wird, durch welche beispielsweise eine Grundrechtsverletzung des Betroffenen eingetreten sein könnte. Dabei sollten folgende Elemente enthalten sein:

- **Handlung**
- **Betroffener**
- **Benennung des geschützten Grundrechts**

Z.B.: *„Durch die Versagung der Gaststättenerlaubnis könnte A in seinem Grundrecht der Berufsfreiheit aus Art. 12 Abs. 1 GG verletzt sein."*

Im Folgenden werden dann die weiteren Prüfungspunkte behandelt, die hier im Einzelnen nicht erörtert werden sollen, sondern sich vielmehr aus Lehrbüchern, den oben genannten Skriptenreihen und den im Anhang abgedruckten Hausarbeiten ergeben.

Zu beachten ist bei den ausgewählten Formulierungen:

Alles was überflüssig ist, ist falsch!

3. Der Meinungsstreit

Häufig wird das Lösen von Fällen erst dadurch schwierig, dass über die zu behandelnden Probleme in der juristischen Fachwelt Streit herrscht. Die Aufgabe eines Hausarbeitenbearbeiters liegt nun darin, diese verschiedenen Meinungen darzustellen, unter **jeder einzelnen** den Sachverhalt zu subsumieren und sich, falls diese Meinungen zu unterschiedlichen Ergebnissen führen, in einem Streitentscheid für eine Meinung zu entscheiden.

Zunächst ist der Meinungsstreit einzuleiten. Das kann z.B. mit den folgenden Formulierungen geschehen:

- *„Über ... herrscht Streit“*
- *„Zur Problematik der ... haben sich unterschiedliche Meinungen gebildet“*
- *„Über ... herrscht zwischen Rechtslehre und Rechtsprechung keine Einigkeit“*

In der Regel sollte jede einzelne Meinung durch einen Untergliederungspunkt sauber gekennzeichnet werden. Auf gar keinen Fall darf eine Gegenmeinung nur dergestalt dargestellt werden, dass auf sie in einer Fußnote verwiesen wird (z.B. *nicht*: Oelmüller/Peters, JuS 2004, 22; a.A. (für anderer Ansicht!) Kröger, JA 2003, 456). Die einzelnen Meinungen können wie folgt eingeleitet werden:

- *„Vom Standpunkt der ... (Meinung benennen) ist ...“*
- *„Im Gegensatz dazu stellt die Lehre / Rechtsprechung auf ... ab“*
- *„Die Gegenmeinung stellt auf ... ab“*

Nach der Darstellung einer Meinung ist sofort zu subsumieren, also das Ergebnis für den Fall nach dieser Meinung festzustellen. Sodann ist entsprechend mit der nächsten Ansicht zu verfahren, usw...

Sind alle Meinungen auf diese Art behandelt, ist die Relevanz des Streites festzustellen: kommen alle Ansichten zum gleichen Ergebnis, so hat der Streit keine Auswirkung auf das Ergebnis für den vorliegenden Fall, es entfällt daher ein Streitentscheid.

Vielmehr kann dann durch folgende Phrasen das Ergebnis dargestellt werden:

- *„Die dargestellten Meinungen kommen allesamt zu dem Ergebnis, dass ..., so dass ein Streitentscheid vorliegend dahinstehen kann.“*
- *„Da alle Meinungen zum gleichen Ergebnis gelangen, entfällt ein Entscheid.“*

Anderenfalls ist ein Streitentscheid erforderlich, allerdings nur soweit die Auffassungen zu unterschiedlichen Ergebnissen gelangen. Dazu ist dann ein eigener Untergliederungspunkt zu bilden. Darin müssen die Argumente, die für und die gegen die jeweiligen Meinungen sprechen, dargestellt, gegeneinander abgewogen und durch die Argumente eine Entscheidung begründet werden. Argumente finden sich auch in Lehrbüchern, Kommentaren und vor allem in Aufsätzen. Für die Darstellung des Streitentscheides können folgende Phrasen benutzt werden:

- *„Sofern vorgebracht wird ... kann dies schon deswegen nicht überzeugen, weil ...“*
- *„Dieser Ansatz führt zu durchweg unerträglichen Ergebnissen“*
- *„Die Gegenmeinung setzt sich nicht mit ... auseinander und vereinfacht so unzulässig das Problem“*
- *„Nur auf diesem Wege lässt sich erreichen, dass ...“*

4. Fußnoten

Da man sich in einer juristischen Hausarbeit an vertretene und vertretbare Meinungen zu halten hat, sind Textstellen, die man aus einem **Lehrbuch, Kommentar** o.ä. wiedergibt, zu kennzeichnen. Dieses erfolgt durch Fußnoten, durch die die zitierte Textstelle am Seitenende belegt wird, z.B.: [2]Pieroth/Schlink, Staatsrecht, Rn. 203.

Bei **Aufsätzen und Urteilen** aus Fachzeitschriften ist bei den Fußnoten der Name des Verfassers bzw. des Gerichtes, die entsprechende Zeitschrift mit Jahrgang, die erste Seite des Aufsatzes oder des Urteils und die Seite, auf welcher die zitierte Textstelle zu finden ist, anzugeben: z.B.: BVerfGE 7, 377 (397). Das Ende der Fußnote ist mit einem Punkt zu versehen.

Die im Gutachten zitierte Textstelle muss Allgemeingültigkeit aufweisen und darf daher nicht sachverhaltsbezogen verwendet werden.

Richtig: *Beruf ist jede auf Dauer angelegte und nicht bloß vorübergehende, erlaubte Tätigkeit, die der Schaffung und Erhaltung einer Lebensgrundlage dient[2]. Hier hat A ... Somit handelt es sich bei der Tätigkeit des A um einen Beruf.*

Falsch: *A machte... und verdiente sich so seinen Lebensunterhalt und deshalb handelt es sich um einen Beruf[2].*

Vorsicht vor sogenannten Blindzitaten! Sind in einem Kommentar oder Lehrbuch zitierfähige Nachweise angegeben, sollte diese Quelle überprüft werden. Nicht selten finden sich hier Fehlerquellen, auf die der Korrektor unangenehm reagieren wird.
An dieser Stelle bleibt anzumerken, dass in der Hausarbeit, um ständige Wiederholungen zu vermeiden, die erste Fußnote ggf. lauten sollte: [1] *Paragraphen ohne Angabe sind solche des BVerfGG.*

Wichtig: Zunehmend ist bei der Korrektur von Hausarbeiten eine „Faulheit“ der Studenten zu erkennen. So wird in Fußnoten immer häufiger nur eine einzige Fundstelle angegeben, was nach Möglichkeit zu vermeiden ist. Vor allem sollten auch bei einer Darstellung eines Meinungsstreites z.B. bei der Meinung der Rechtsprechung auch tatsächlich Fundstellen von Urteilen benannt werden, bzw. bei der Darstellung von Meinungen der Literatur Fundstellen aus dieser. In diesem Bereich liegen schwere, aber durchaus sehr einfach vermeidbare Fehler.

5. Typisch Ö-Recht und Prüfungsschemata

Im Folgenden werden einige typische Schwerpunkte der Hausarbeit im öffentlichen Recht erörtert. Da sich die im Anschluss angedruckten Hausarbeiten nicht mit allen Problemen einer Hausarbeit befassen können, sind die wichtigsten Probleme dort erfasst. Weniger wichtige - im Sinne von seltener zu prüfende - Aufgaben im Bereich des öffentlichen Rechts für Anfänger sind daher hier nach den Darstellungen zu den Grundrechten abgedruckt. Die dort dargestellten Prüfungsschemata sind hoffentlich für den Fall hilfreich, dass in einer Hausarbeit eine solche Fallkonstellation gegeben ist.

a. Grundsätze der Grundrechte:

Immer mit dem am stärksten betroffenen Grundrecht beginnen!

Spezielleres Grundrecht vor dem allgemeineren Grundrecht prüfen!

Es lassen sich folgende Arten von Grundrechten unterscheiden.

Art	*Beispiel*
➔ **Freiheitsrecht**	**Art. 2, 4-6, 8-14 GG** **Gewährleistung eines Bereichs freier Willensbetätigung**
➔ **Gleichheitsrecht**	**Art. 3, 33, 38 GG** **Gewährleistung eines Anspruchs auf Gleichbehandlung, wenn kein Grund für die Ungleichbehandlung vorliegt**
➔ **Freiheitsgleiche Rechte**	**Art. 16, 17, 19 IV GG** **Gewährleistung eines bestimmten Rechts**
➔ **Grundrechtsgleiche Rechte**	**Art. 20 IV, 22, 28, 101, 103, 104 GG**

Die unterschiedlichen Grundrechte haben auch unterschiedliche Funktionen. Sie können Abwehr-, Vornahme- oder Mitwirkungsrechte ausgestaltet sein.

b. Zulässigkeit und Begründetheit einer Verfassungsbeschwerde

Bei der Prüfung der Erfolgsaussichten einer Verfassungsbeschwerde sind deren Zulässigkeit und Begründetheit zu prüfen. Dabei kann man sich an folgendes Prüfungsschema halten:

I. Zulässigkeit

1. *Zuständigkeit des BVerfG, Art. 93 I Nr. 4a GG, § 13 Nr. 8a BVerfGG*

2. *Ordnungsgemäßer Antrag*
   Schriftform, § 23 I 1 BVerfGG
   Begründung, § 23 I 2, 92 BVerfGG
   Subst. Behauptung, § 92 BVerfGG

3. *Grundrechts- und Beteiligtenfähigkeit, § 90 I BVerfGG*

4. *Grundrechtsmündigkeit / Prozessfähigkeit*

5. *Beschwerdegegenstand*
   Als Beschwerdegegenstand kommt jeder Akt der Exekutive, Judikative oder Legislative in betracht.

6. *Beschwerdebefugnis, § 90 I BVerfGG*

7. *Erschöpfung des Rechtswegs, § 90 II 1 BVerfGG*

8. *Frist, § 93 I, III BVerfGG*

9. *Allgemeines Rechtsschutzbedürfnis*
   Einfachere Möglichkeit des Grundrechtsschutzes?

II. Begründetheit

Die Verfassungsbeschwerde ist begründet, wenn durch die Maßnahme der öffentlichen Gewalt in Grundrechte des Beschwerdeführers eingegriffen worden ist und dieser Eingriff verfassungswidrig ist.

Die genauere Prüfung der Begründetheit lässt sich am einfachsten aus den angefügten Hausarbeiten entnehmen, da unterschiedliche Möglichkeiten gegeben sind.

c. Abstrakte Normenkontrolle

Hier soll ein Beispiel für die Prüfung einer abstrakten Normenkontrolle angeführt werden:

I. Zulässigkeit, Art. 93 I Nr. 2 GG, §§ 13 Nr. 6, 76 ff. BVerfGG

1. *Ordnungsgemäßer* Antrag
   Form, § 23 I BVerfGG
2. *Antragsberechtigung*
   Abschließende Aufzählung in Art. 93 I Nr. 2 GG, § 76 BVerfGG
3. *Prüfungsgegenstand*
   Jeder Rechtssatz. Es spielt keine Rolle, ob Bundes- oder Landesrecht betroffen ist.
   Allerdings sind Verwaltungsvorschriften hier nicht erfasst.
4. *Antragsbefugnis*
   Zweifel über die Gültigkeit einer Norm
5. *Frist? Keine!*
6. *Objektives Klarstellungsinteresse*
7. *Allgemeines Rechtsschutzbedürfnis*

II. Begründetheit des Verfahrens

Antrag ist begründet, wenn die angegriffene Norm gegen höherrangiges Recht verstößt.

d. Organstreitverfahren

Hier streiten „Verfassungsorgane“ darüber, ob eine Maßnahme oder Unterlassung des Antragsgegners gegen Rechte und Pflichten des Antragsstellers verstößt, die sich aus den Bestimmungen des Grundgesetzes herleiten.

I. Zulässigkeit des Verfahrens, §§ 13 Nr. 5, 23, 63 ff. BVerfGG

1. Ordnungsgemäßer Antrag

Schriftform, § 23 I 1 BVerfGG; Begründung, § 23 I 2 BVerfGG

2. Parteifähigkeit, Art. 93 I Nr. 1 GG, § 63 BVerfGG

Grundsätzlich die obersten Bundesorgane und andere Beteiligte, die durch das GG oder die Geschäftsordnung eines obersten Bundesorgans mit eigenen Rechten ausgestattet sind. Die Parteifähigkeit kann im problematisch sein, wenn nur Teile der Organe das Verfahren betreiben wollen. So gilt bspw. der Bundespräsident als parteifähig, nicht aber die Wehrbeauftragte des Bundestages.

3. Streitgegenstand

4. Antragsbefugnis

Hier entsprechend der „Möglichkeitstheorie“: Der Antragssteller muss eine Verfassungsverletzung behaupten und diese muss nach seinen Darstellungen möglich erscheinen und zwischen den Parteien im Streit sein.

5. Frist

Ausschlussfrist: 6 Monate nachdem die Maßnahme dem Antragssteller bekannt geworden ist (keine Wiedereinsetzung möglich!)

6. Allgemeines Rechtsschutzbedürfnis

II. Begründetheit des Verfahrens, § 67 BVerfGG

Hier wird überprüft, ob die beanstandete Maßnahme des Antragsgegners gegen eine Bestimmung des Grundgesetzes verstößt. Gegebenenfalls wird hier durch das Gericht die Verfassungswidrigkeit festgestellt.

e. Einstweilige Anordnung nach § 32 BVerfGG

I. Zulässigkeit des Anordnungsantrags

1. *Zuständigkeit des BVerfG?*

   Ist immer dann gegeben, wenn das BVerfG auch für die Hauptsacheentscheidung zuständig ist.

2. *Statthaftigkeit des Antrags*

   Antrag ist in jedem bundesverfassungsgerichtl. Verfahren statthaft; auch bei Verfassungsbeschwerden.

3. *Beteiligtenfähigkeit*

4. *Antragsbefugnis*

   Der Antragssteller muss geltend machen können, dass schwere Nachteile, drohende Gewalt oder andere wichtige Gründe eine sofortige Entscheidung des Gerichts erfordern.

5. *Ordnungsgemäßer Antrag*

6. *Keine „evidente Unzulässigkeit" des Hauptverfahrens*

   Drängt sich sofort auf, dass das Hauptverfahren unzulässig ist, wird auch der Antrag auf Erlass einer einstweiligen Anordnung als unzulässig abgelehnt werden müssen.

7. *Rechtsschutzbedürfnis*

   Der Antrag darf grundsätzlich keine Vorwegnahme der Hauptsache darstellen und nicht über die Hauptsache hinausgehen. Ausnahme, wenn ansonsten kein effektiver Rechtsschutz möglich wäre.

II. Begründetheit des Antrags

Der Antrag auf Erlass einer einstweiligen Anordnung ist begründet, wenn ihr Erlass zur Abwehr schwerer Nachteile oder sonstiger Gründe zum gemeinen Wohl dringend geboten ist.

Zu den Einzel- und Feinheiten einer weitergehenden Prüfung der Begründetheit eines Antrags sei verwiesen auf:

- Benda/Klein, Lehrbuch des Verfassungsprozessrechts, § 35
- BVerfG NJW 1993, 1317
- BVerfG NJW 1993, 2038

f. Bund-Länder-Streitigkeit

I. *Zulässigkeit des Verfahrens, Art. 93 I Nr. 3 GG, §§ 13 Nr. 7, 68 ff. BVerfGG*

1. *Ordnungsgemäßer Antrag*
2. *Parteifähigkeit*

   Nach dem Wortlaut des Art. 93 I Nr. 3 GG und § 68 BVerfGG der Bund und die Länder. Antragsberechtigt sind für sie nach § 68 BVerfGG die Bundesregierung oder Landesregierungen, wenn sie durch einen Kabinettsbeschluss ermächtigt werden.
3. *Streitgegenstand*

   Konkreter Streit über die Rechte und Pflichten des Bundes und der Länder, Art. 93 I Nr. 3 GG.
4. *Antragsbefugnis*
5. *Vorverfahren*

   Nur im Spezialfall des Art. 84 IV GG. Dort ist ein vorheriger Beschluss des Bundesrates erforderlich
6. *Frist*
7. *Allgemeines Rechtsschutzbedürfnis*

II. *Begründetheit, §§ 67, 69 BVerfGG*

Überprüfung, ob die beanstandete Maßnahme oder Unterlassung des Antragsgegners gegen eine Bestimmung des GG verstößt. Liegt ein Verstoß vor, ist die Partei gehalten, die verfassungswidrige Lage zu beseitigen.

IV. Der „bessere“ Umgang mit dem Computer

Jeder Studierende darf sich wohl Eigentümer oder zumindest Besitzer eines PC nennen. Falls dies nicht der Fall ist, so gibt es an den meisten Universitäten für die Studierenden zugängliche PCs, mit denen man die erste Hausarbeit problemlos auf das Papier bringen kann.

Es sei an dieser Stelle erwähnt, dass die Anschaffung eines PC für das Jurastudium wegen der zahlreichen Haus- und Seminararbeiten sehr empfehlenswert ist.

Die Teilnahme an einem Computerkurs, der an jeder Universität angeboten wird, scheint uns angebracht. Nicht selten ist zu beobachten, dass in den letzten Tagen vor der Abgabe Probleme mit dem Computer auftauchen, die unnötigen Stress verursachen. Denn mit dem Computer besteht die Möglichkeit, seine Hausarbeit zumindest formell relativ einfach und damit stressfrei zu erstellen. Das dabei wohl marktführende Textverarbeitungsprogramm ist WORD Windows® der Microsoft® Corporation. Im Folgenden soll kurz dargestellt werden, wie es möglich ist, die Hilfen des Programmes zu nutzen.

1. Ränder / Abstände

Die Seitenränder kann man über einen Klick (d.h. ein Druck auf die linke Maustaste) auf „Datei“ und einen weiteren auf „Seite einrichten“ einstellen und verändern. Dabei ist, wie bereits oben erwähnt, der linke Seitenrand auf **7cm** zu stellen. Kommt man später mit dem zum Teil beschränkten Platz nicht aus, so kann man durch Verringerung der übrigen Seitenränder noch erheblichen Platz schaffen.

Der Zeilenabstand ist regelmäßig auf **1,5-fach** zu stellen. Dieses erfolgt durch folgende Schritte:

- Klick auf „Format“
- Klick auf „Absatz
- Dort den Zeilenabstand von „einfach“ auf „1,5-fach“ einstellen

2. Seitenzahlen

Die Hausarbeit ist mit Seitenzahlen zu versehen. Zu beachten ist dabei, dass das Deckblatt bis einschließlich der Gliederung mit fortlaufender *römischer Zählung* (I, II usw.) zu versehen ist. Die Darstellung der Zahlen sollte unten zentriert erfolgen. Auf der ersten Seite (Deckblatt) ist keine Seitenzahl anzugeben. Man fängt erst auf der zweiten Seite (Sachverhalt) an und zwar mit „II". Die Zählung innerhalb des Gutachtens erfolgt mit *arabischen* Zahlen (1, 2 usw.).

Nach jedem Abschnitt (Deckblatt, Sachverhalt usw.) ist ein sogenannter Seitenumbruch einzufügen, um eine unterschiedliche Seitennumerierung zu ermöglichen.

1. Klick auf Einfügen
2. Klick auf "Manueller Wechsel" und dann auf OK!

Einfügen der Seitenzahlen in den **ersten Teilen (Deckblatt, Sachverhalt etc.)**:

1. Klick auf „Einfügen"
2. Klick auf „Seitenzahlen"
3. Die „Position" ist auf „Seitenanfang (Kopfzeile)" einzustellen
4. „Ausrichtung" ist auf „zentriert" einzustellen
5. „Auf erster Seite" ist nur beim Deckblatt auszuschalten!!
6. Römische Zahlen bekommt man durch Klick auf „Format" und Wahl des „Seitenzahlenformat" auf „I, II, III, ..."
7. Dort muss für die einzelnen Abschnitte auf „Fortsetzen vom vorherigen Abschnitt" geklickt werden.

Einfügen der Seitenzahlen im **zweiten Teil (Gutachten)**:

Wie oben beschrieben. Es sind jedoch arabische Zahlen, beginnend mit "1" einzustellen!

3. Fußnoten

Fußnoten erstellt man wie folgt:

Klick auf „Einfügen“
Klick auf „Fußnote“ und dann auf „OK“

<u>TIPP:</u> Hilfreich ist auch der sogenannte „Shortcut“ für Fußnoten, bei dem die Fußnote direkt durch eine Tastenkombination (gleichzeitiges Drücken der Tasten) erstellt wird, nämlich:

„Alt - Strg - F“.

4. Schriftarten und -größe

Wie eingangs bereits erwähnt, ist die Standardschriftgröße 12pt. Man stellt die Schriftgröße durch einen Klick auf die Zahl in der Formatleiste und Eingabe des gewünschten Wertes ein.

Meistens wird die Schriftart „Times New Roman“ verwendet. Verwendet man eine andere Schrift, so ist zu beachten, dass einige Schriftarten, z.B. „Courier“, jedem Buchstaben den gleichen Raum im Text zuordnen (sogenannte Äquidistanzschrift) und man so im Umfang der Arbeit mehr Platz verbraucht, als mit einer anderen Schriftart. Der Umfang der Arbeit kann somit auch durch die Auswahl der Schriftart verringert (z.B. „Arial Narrow“) oder vergrößert (z.B. „Courier New“) werden.
Beachten Sie aber insoweit die Vorgaben des Aufgabenstellers!

<u>TIPP:</u> Über „Format“, „Zeichen“ und dann „Zeichenabstand“ kann man den Abstand zwischen den einzelnen Buchstaben etwas strecken oder bei Bedarf auch minimieren. Man kann so wiederum die Seitenzahl wie gewünscht erhöhen oder verringern. Von beiden Möglichkeiten sollte jedoch nur moderat Gebrauch gemacht werden, da eine übermäßige Vergrößerung oder Verringerung des Zeichenabstands unangenehm auffällt. **Auch hier gilt:** Beachten Sie die Vorgaben, denn derartige "Manipulationen" sind oft untersagt!

5. Automatische Erstellung der Gliederung

Dank der Möglichkeiten die Word® bietet ist es relativ einfach möglich, die Gliederung automatisch erstellen zu lassen. Dieses bringt unvorstellbare Vorteile und Erleichterungen: Hat man beispielsweise die Gliederung mühselig handschriftlich vom Gutachten erstellt und ändert später noch etwas ab, so muss man alle Seitenzahlen überprüfen und ggf. ändern. Auch die meist mit der Hand eingefügten Punkte als Füllzeichen sind selten „gerade“.

Für die automatische Erstellung ist es erforderlich, schon während des Verfassens des Gutachtens die Überschriften dem Computer auch als solche erkenntlich zu machen, d.h. jede einzelne Gliederungsebene ist für den Computer als Überschrift zu definieren.

So ist der Gliederungspunkt „**A. Verfassungsbeschwerde des A ...**“ (ebenso B, C usw.) jeweils als „**Ebene 1**“ und die Überschrift „**I. ...**“ als „**Ebene 2**“ (ebenso II, III usw.) zu definieren. Jede tiefergehende Überschrift (a, aa, (1), usw.) ist dann dementsprechend als „**Ebene 3**“ usw. zu definieren.

Man definiert die Ebenen, in dem man ihnen eine sogenannte „Gliederungsebene“ zuweist. Das erfolgt durch Markierung der jeweiligen Überschrift und nachfolgender Zuordnung einer Ebene in der Gliederungssymbolleiste. Diese wird automatisch in der Symbolleiste sichtbar, wenn Sie ein Inhaltsverzeichnis erstellen lassen. Sie kann auch durch Klick auf „Einfügen“, dann auf „Referenz“, dann auf „Index und Verzeichnisse“ und bei dem sich nun öffnenden Fenster auf „Gliederungssymbolleiste“ manuell sichtbar gemacht werden. Durch Anklicken des Feldes in dem automatisch „Textkörper“ definiert ist, kann der jeweils markierten Überschrift eine Ebene zugewiesen werden.

Diese Neudefinierung ist für jede einzelne Gliederungsebene (Überschrift 1, Überschrift 2 usw.) einmal erforderlich.

Sind alle Überschriften definiert, so kann die Gliederung automatisch erstellt werden. Hierzu muss man den Cursor zunächst an die für das Inhaltsverzeichnis vorgesehene Stelle bringen. Dann:

- **Klick auf „Einfügen“**
- **Klick auf „Referenz“**
- **Klick auf „Index und Verzeichnisse“**
- **Klick auf „Inhaltsverzeichnis“**
- **Die Anzahl der verwendeten Gliederungsebenen bei „Ebenen anzeigen“ einstellen und mit „OK“ bestätigen**

Der Computer fügt nun am Standort des Cursors ein komplettes Inhaltsverzeichnis ein. Die Gliederung muss vor dem Gutachten erstellt werden und nach ihr muss wiederum ein manueller Seitenumbruch eingefügt werden (s. oben).

Verändert man nach erstmaliger Erstellung der Gliederung noch etwas im Gutachten und ergeben sich dadurch evtl. auch Veränderungen in der Gliederung, so ist das Inhaltsverzeichnis nach der obigen Abfolge einfach erneut zu erstellen.

TIPP: Man kann die automatische Aktualisierung auch erreichen, in dem man den Cursor in das Inhaltsverzeichnis bewegt und dann die rechte Maustaste drückt. Dann auf „Felder aktualisieren“ klicken. Das Programm fragt dann, ob nur die Seitenzahlen oder das gesamte Verzeichnis aktualisiert werden soll. Letzteres ist durchzuführen, wenn man auch Überschriften inhaltlich verändert hat. Es spricht aber nichts dagegen dies stets durchzuführen.

Abschließend sollten Sie das Inhaltsverzeichnis noch mal stilistisch überarbeiten, d.h. Anpassung der Schriftart, Größe, Zeilenabstand und Einschübe. Auch das Inhaltsverzeichnis sollte optisch ansprechend sein und nicht einen Wirrwarr aus verschiedenen Formatvorlagen darstellen.

Auch wenn die automatische Erstellung der Gliederung hier in der Theorie möglicherweise schwierig erscheint, so ist sie, hat man sich erst einmal praktisch mit ihr beschäftigt, relativ einfach zu handhaben und vor allem eine große Zeitersparnis.

Es empfiehlt sich allerdings **dringend**, sich mit den Möglichkeiten seines Computers und des Textverarbeitungsprogramms im Vorfeld einer Hausarbeit eingehend auseinanderzusetzen, z.B. durch diese Lektüre oder einen Kurs.

2. Teil: Die Musterhausarbeiten

Nachfolgend sind Musterhausarbeiten abgedruckt.

Der Lösungsweg in den Hausarbeiten ist nicht als einziger zu verstehen, vielmehr sollen die Arbeiten Formulierungs- und Aufbauhilfen bieten. Auch bei dem Aufbau selbst gibt es unterschiedliche Varianten.

In den Hausarbeiten tauchen vereinzelt Teile auf, die in einer kleineren Schriftgröße gedruckt sind. Hierbei handelt es sich um Ausführungen, die zur Lösung des Sachverhaltes nicht zwingend erforderlich waren, jedoch bei Problemen in anderen Fällen hilfreich sein könnten.

Ferner sind vereinzelte Absätze in der Schriftart „Arial“ gedruckt. Dies sind Anmerkungen zur Bearbeitung, die nicht zum Text der Hausarbeit gehören!

Auf eine Abbildung der einzelnen Deckblätter wurde verzichtet.

Auf ein Literaturverzeichnis musste aus Platzgründen leider ebenfalls verzichtet werden.

Zur Gestaltung eines Literaturverzeichnisses siehe Band 10 und 13 dieser Reihe.

SACHVERHALT

1. HAUSARBEIT

Der türkische Staatsbürger K ist 1998 in die Bundesrepublik Deutschland eingereist und hat 2000 wegen ihm drohender politischer Verfolgung in der Türkei den Status eines anerkannten Asylanten erhalten. Als Anhänger der Idee eines freien Kurdistans engagierte er sich sofort politisch in Exilgruppierungen in Deutschland. 2000 gründete er zusammen mit fünf anderen kurdischen und zwei deutschen Freunden die politische Bewegung „Freiheit für Kurdistan", die als eingetragener Verein registriert wurde. Der Verein veranstaltet in mehr oder weniger regelmäßigen Abständen größere politische Versammlungen, organisiert gelegentlich anti-türkische Demonstrationen und gibt eine Zeitschrift mit dem Namen „Die wahre Stimme Kurdistans" heraus. K publiziert in dieser Zeitschrift – des öfteren aber auch in anderen Zeitschriften – kritische bis polemische Beiträge gegen die Kurdenpolitik der Türkei, in denen die Türkei als „Militärdiktatur" bezeichnet, aber auch die PKK als „totalitäre Verbrecherorganisation" kritisiert wird. Nach äußerst gewalttätigen Auseinandersetzungen zwischen Polizei und PKK-Anhängern entschließen sich Bund und Länder gezielt gegen exilkurdische Oppositionsgruppen vorzugehen. Der Verein „Für ein freies Kurdistan" wird auf Grundlage von § 14 I Vereinsgesetz (VereinsG), die Zeitschrift „Stimme Kurdistans" auf der Grundlage von § 47 I Aufenthaltsgesetz (AufenthG) von der zuständigen Behörde verboten. Ferner untersagt die Ausländerbehörde dem K unter Berufung auf § 37 II AufenthG, sich weiter politisch zu betätigen, vor allem aber weiter kritische Beiträge über den NATO-Verbündeten Türkei zu veröffentlichen.

1. K beantragt einstweiligen Rechtsschutz gegen diese Anordnung vor dem Verwaltungsgericht. Nachdem seine Anträge auf einstweiligen Rechtsschutz vor den Verwaltungsgerichten abgelehnt worden sind, legt er umgehend Verfassungsbeschwerde ein. Hat die Verfassungsbeschwerde des K Aussicht auf Erfolg?

2. Auch D, ein deutscher Freund des K und wie dieser Gründungsmitglied des Vereins „Für ein freies Kurdistan", sieht sich durch das Verbot seines Vereins in seinen Grundrechten verletzt. Nach erfolglosem Beschreiten des Rechtsweges legt er ebenfalls Verfassungsbeschwerde ein. Ist diese Verfassungsbeschwerde begründet?

Abwandlung:

K und D erfahren am 1.12.2000 von der Absicht des türkischen Ministerpräsidenten, am darauf folgenden Tag kurzfristig zu Gesprächen mit dem Bundeskanzler und dem Außenminister nach Deutschland zu reisen. Sofort melden K und D bei der zuständigen Hamburger Versammlungsbehörde eine Demonstration für den nächsten Tag vor dem türkischen Generalkonsulat an. Am nächsten Tag finden sich dem Aufruf von K und D folgend 400 Menschen vor dem türkischen Generalkonsulat in Hamburg ein und demonstrieren friedlich gegen die Kurdenpolitik der türkischen Regierung. Kurz nach Beginn der Veranstaltung lösen die zuständigen Beamten der Versammlungsbehörde die Demonstration mit der Begründung die Anmeldefrist des § 14 I Versammlungsgesetz (VersG) sei nicht eingehalten worden auf der Grundlage von § 15 II i.V.m. § 14 I VersG auf.

K und D sehen sich durch die Auflösungsverfügung in ihren Rechten verletzt. Als die eingelegten Rechtsmittel bis in die letzte Instanz erfolglos bleiben, erheben sie Verfassungsbeschwerde.

Ist diese begründet?

INHALTSVERZEICHNIS

Gutachten

A. Verfassungsbeschwerde des K

Als erstes soll das zu erörternde Problem benannt und dann gutachtlich bearbeitet werden.

Gutachten bedeutet:

1. Frage aufwerfen

2. Frage erörtern

3. Frage beantworten

Die Verfassungsbeschwerde des K nach Art. 93 I Nr.4a GG, §§ 13 Nr.8a, 23, 90 ff. BVerfGG[1] hat Aussicht auf Erfolg, wenn sie zulässig und begründet ist.

I. Zulässigkeit

Zunächst müsste die Verfassungsbeschwerde zulässig sein.

1. Zuständigkeit

Die Zuständigkeit des Bundesverfassungsgerichtes ist für Verfassungsbeschwerden nach Art. 93 I Nr.4a GG, § 13 Nr.8a gegeben.[2]

2. Beteiligtenfähigkeit

K müsste beteiligtenfähig i.S.d. Art. 93 I Nr.4a GG, § 90 I sein.

Die *Beteiligtenfähigkeit ist ferner problematisch bei:*

-jur. Personen

-nicht. rechtsfähigen Vereinigungen

-Verstorbenen

-Ungeborenen

Um die Beteiligtenfähigkeit zu besitzen, muss sich der Beschwerdeführer auf ein Grundrecht oder eines der in Art. 93 I Nr.4a GG, § 90 I genannten grundrechtsgleichen Rechte berufen können, welches ihm auch zusteht.[3] Dieser muss Träger des in Anspruch genommenen Grundrechts oder grundrechtsgleichen Rechts sein.[4] Fraglich ist, ob K Träger der einschlägigen Grundrechte der Meinungs-, der Presse- und der Vereinigungsfreiheit ist.

a) Grundrechtsträgerschaft der Meinungs- und Pressefreiheit

Bei der in Art. 5 I S.1 Alt.1 GG gewährten Meinungsfreiheit handelt es sich um ein sog. Jedermanngrundrecht, Grundrechtsträger ist jeder Mensch[5]. Auch Träger der Pressefreiheit aus Art 5 I S.2 Var.1 GG kann jede natürliche Person sein kann.[6] Folglich stehen die in Art. 5 I

---

[1] Paragraphen ohne Gesetzesangabe sind im folgenden solche des BVerfGG.

[2] Schmidt-Bleibtreu/Klein, Grundgesetz, 11. Auflage 2008, Art. 93 Rn.147; Erichsen in Jura 1991, S. 585 (586).

[3] BVerfGE 3, 383 (391); 6, 273 (277); 12, 6 (8); 35, 382 (399); 63, 197 (205); Lechner/Zuck, BverfG, 5.Auflage 2006 § 90 Rn.7; Pieroth/Schlink, Grundrechte StaatsR II, 25.Auflage 2009 Rn.1228.

[4] Maunz/Schmidt-Bleibtreu/Klein/*Bethge*, § 90 Rn.125.; Umbach/Clemens/*Ruppert*, BVerfGG Mitarbeiterkommentar 2.Auflage 2005, § 90 Rn.17 Benda/Klein, Lehrbuch des Verfassungsprozessrechts, 2.Auflage 2001 Rn.426; Schlaich, Das BVerfG, 7. Auflage 2007 Rn.206.

[5] Sachs, *Bethge*, GG, 5.Auflage 2009, Art. 5 Rn.24; Jarass/Pieroth, Grundgesetz, 9.Auflage 2007 Art. 5 Rn.8; Ipsen, StaatsR II, 12. Auflage 2009 Rn.378.

[6] Isensee/Kirchhoff, HdbStR VI, *Bullinger*, 2. Auflage 2002/2003, § 142 Rn.18.

S.1 Alt.1, S.2 Var.1 GG gewährten Grundrechte jeder natürlichen Person zu, unabhängig von deren Staatsangehörigkeit.[7] Soweit kommen diese Grundrechte auch jedem Ausländer und Staatenlosen zu.[8]

Folglich ist K Träger der Grundrechte auf Meinungs- und Pressefreiheit. Auf die tatsächliche Möglichkeit der Grundrechtsausübung kommt es nicht an.[9] Somit ist K hinsichtlich dieser Grundrechte beschwerdefähig.

b) Grundrechtsträgerschaft der Vereinigungsfreiheit

Träger des in Art. 9 I GG gewährten Grundrechts auf Vereinigungsfreiheit ist hingegen lediglich jeder Deutsche.[10] Somit ist, der Grundrechtsträgerschaft folgend, auch die Beschwerdefähigkeit auf Deutsche i.S.d. Grundgesetzes beschränkt.[11] K ist kein Deutscher nach Art. 116 I GG, K ist als türkischer Kurde weder deutscher Staatsangehöriger noch Flüchtling oder Vertriebener deutscher Volkszugehörigkeit. Demnach ist K nicht Träger des Grundrechts aus Art. 9 I GG.

aa) Erweiterung auf Ausländer

Strittig ist, inwieweit Ausländern ein grundrechtlicher Schutz in den Bereichen erwächst, welche in den speziellen sachlichen Schutzbereich der Grundrechte fallen, welche im persönlichen Schutzbereich auf Deutsche beschränkt sind.

Nach einer Ansicht ist Ausländern ein grundrechtlicher Schutz in den, den speziellen Regelungen der sog. Deutschengrundrechte vorbehaltenen, Lebensbereichen nicht zu gewähren.[12]

Vorzugsweise sollte das fallbezogene Ergebnis der jeweiligen Meinung am Ende der Darstellung derselbigen erfolgen.

Der hier gewählte Weg ist jedoch nicht falsch.

Nach a. A. ist hingegen in diesen Bereichen auch für Ausländer ein grundrechtlicher Schutz eröffnet.[13] Hierbei wurden drei Wege zur Entschärfung des Ausschlusses der Ausländer von den sog. Deutschengrundrechten beschritten.[14]

Bisweilen wird für die sog. Deutschengrundrechte vertreten, diese hätten einen menschenrechtlichen Kerngehalt, so dass auch Ausländer

---

[7] Maunz/Schmidt-Bleibtreu/Klein/*Bethge*, § 90 Rn.131.; Umbach/Clemens/*Ruppert*, § 90 Rn.18; Lechner/Zuck, § 90 Rn.35; Benda/Klein, Lehrbuch des Verfassungsprozessrechts, Rn.428.

[8] Maunz/Schmidt-Bleibtreu/Klein/*Bethge*,, § 90 Rn.131..

[9] Benda/Klein, Lehrbuch des Verfassungsprozessrechts, Rn.429.

[10] *Jarass*/Pieroth, Art. 9 Rn.10; Ipsen, StaatsR II, Rn.580; Pieroth/Schlink, StaatsR II, Rn.122.

[11] Maunz/Schmidt-Bleibtreu/Klein/*Bethge*,, § 90 Rn.131.; Lechner/Zuck, § 90 Rn.33; Benda/Klein, Lehrbuch des Verfassungsprozessrechts, Rn.428.

[12] Umbach/Clemens/*Ruppert*, § 90 Rn.17; vergl. Isensee/Kirchhoff, HdbStR VI, *Erichsen*, § 152 Rn.49.

[13] Pieroth/Schlink, StaatsR II, Rn.126.

[14] Isensee/Kirchhoff, HdbStR V, *Quaritsch*, § 120 Rn.113.

Träger von Deutschengrundrechten seien, sofern der Menschenwürdegehalt des jeweiligen Grundrechtes, wurzelnd in Art. 1 I GG, betroffen ist.[15] Weiterer Ansatzpunkt ist der Erwerb der Deutschengrundrechte durch längeren Aufenthalt des Ausländers im Inland.[16] Letztlich wird nach wohl h.M. vertreten Ausländer haben im Rahmen des Schutzes des Grundrechtes auf freie Entfaltung der Persönlichkeit aus Art. 2 I GG und der hieraus erwachsenden allgemeinen Handlungsfreiheit die Möglichkeit den Deutschengrundrechten entsprechende Rechtspositionen geltend zu machen.[17]

bb) Entscheidungsrelevanz der Differenzierung der Meinungen

Würde der zuerst genannten Ansicht, der a.M., gefolgt, so wäre K als Ausländer hinsichtlich seiner Vereinigungsfreiheit nicht grundrechtlich geschützt, die Beschwerdefähigkeit wäre zu verneinen. Würde dem ersten Ansatz der a.A. gefolgt, so wäre K bezüglich des noch zu bestimmenden menschenrechtlichen Kernbereichs der Versammlungsfreiheit Grundrechtsträger und damit beschwerdefähig.

Nach der zweiten Variante der a.A. wäre dem K die Grundrechtsträgerschaft in diesem Bereich nicht zuzuerkennen, zwar ist K bereits seit 1989 in Deutschland aber auch dieser gewiss bereits als länger zu bezeichnende Aufenthalt kann noch nicht als von ausreichender Dauer angesehen werden, um den K materiell in die Grundrechtstellung eines Deutschen hinein wachsen zu lassen. Nach der h.M. wäre K in seinem Recht auf Versammlungsfreiheit grundrechtlich über die Art. 2 I GG entstammende allgemeine Handlungsfreiheit geschützt und somit auch hier hinsichtlich des genannten Bereiches beschwerdefähig.

Folglich ist eine Entscheidung zwischen den genannten Meinungen relevant.

---

[15] Stern, Das StaatsR der BRD III/1, 1.Auflage 1998 S.1040; Isensee/Kirchhoff, HdbStR V, *Quaritsch,* § 120 Rn.113; Pieroth/Schlink, StaatsR II, Rn.126; Bleckmann, StaatsR II, 4.Aufalge 1997, S.111, 112.

[16] Stern, Das StaatsR der BRD III/1, S.1040; Isensee/Kirchhoff, HdbStR V, *Quaritsch*, § 120 Rn.113.

[17] BVerfGE 35, 382 (399); 78, 179 (196 f.); Stern, Das StaatsR der BRD III/1, S.1040; Isensee/Kirchhoff, HdbStR V, *Quaritsch,* § 120 Rn.130; Isensee/Kirchhoff, HdbStR VI, *Erichsen,* § 152 Rn.47; Pieroth/Schlink, StaatsR II, Rn.126; Bleckmann, StaatsR II, S.112; Benda/Klein, Lehrbuch des Verfassungsprozessrechts, Rn.428; Sachs in BayVBl 1990, S. 385 (388).

cc) Abwägung der aufgezeigten Meinungen

In der Abwägung sollten wie hier jeweils die Argumente dargestellt werden, die für und die gegen die angeführte Meinung sprechen.

So kann man das auserwählte Ergebnis gut und einleuchtend begründen.

Für die a.M. spricht, dass sonst die ausdrückliche Entscheidung des Grundgesetzes, für bestimmte Grundrechte den Schutzbereich nur für Deutsche zu eröffnen, unterlaufen würde.[18] Gegen die a.M. spricht die unter Berücksichtigung des Gleichheitssatzes des Art. 3 I GG fragliche Ungleichbehandlung im Schutzbereich der Deutschengrundrechte.[19] Art. 3 GG verbietet keine Differenzierung nach der Staatsangehörigkeit[20], aber die fehlende Eigenschaft Deutscher zu sein, genügt nicht um jede Differenzierung zu Lasten der Ausländer zu rechtfertigen[21].

Für die zuerst erwähnte Variante der a.A. lässt sich im Wesentlichen die Menschenwürdegarantie des Art. 1 I GG heranziehen, welche auch bei der Auslegung anderer Grundrechte zu berücksichtigen ist[22]. Gegen diese Ansicht spricht allerdings nicht nur deren große Unsicherheit im Hinblick auf die Bestimmung eben dieses angesprochenen Menschenwürdekerns der Deutschengrundrechte[23], sondern im besonderen auch die Unklarheit wie die als einfaches Gesetz geltenden Menschenrechte in die Grundrechte eindringen und an deren Range teilhaben können[24].

Für die zweite Variante der a.A. ist anzuführen, dass der Ausländer in seiner Rechtsposition durch längeren Aufenthalt gestärkt wird.[25] Gegen diese spricht jedoch, dass im Rechtsstaatsbegriff, insb. im Vertrauensschutz und der Verhältnismäßigkeit, nichts enthalten ist, was geeignet wäre die Differenzierung der Staatsangehörigkeiten aufzuheben.[26] Es ist soweit unrichtig auf eine materielle Gleichstellung der Ausländer im Bereich der Deutschengrundrechte zu schließen.[27]

Die h.M. stellt auf den Schutz der Ausländer durch das Jedermanngrundrecht des Art. 2 I GG ab. Grundrechtsträger ist hier jede natürliche Person.[28] Das Grundrecht aus Art. 2 I GG wird als Auffanggrundrecht verstanden, das dann anzuwenden ist, wenn speziellere Freiheitsgrundrechte nicht einschlägig sind.[29] Hier wird nun nach h.M. diese Subsidiarität sowohl in Hinblick auf den sachlichen als auch den persönlichen Schutzbereich verstanden, so dass, wenn der persönliche Schutzbereich eines Deutschengrundrechtes nicht einschlägig ist, auf das Auffanggrundrecht des Art. 2 I GG zurückzugreifen ist. Hier besteht gerade aufgrund der Nicht-

---

[18] Umbach/Clemens/*Ruppert,* § 90 Rn.19.
[19] Pieroth/Schlink, StaatsR II, Rn.126.
[20] *V. Münch*/Kunig, 2003, Vorb. Art. 1-19 Rn.9.
[21] Sachs in BayVBl 1990, S. 385 (388).
[22] Isensee/Kirchhoff, HdbStR V, *Quaritsch,* § 120 Rn.134.
[23] Isensee/Kirchhoff, HdbStR V, *Quaritsch,* § 120 Rn.132.
[24] Isensee/Kirchhoff, HdbStR V, *Quaritsch,* § 120 Rn.133.
[25] Isensee/Kirchhoff, HdbStR V, *Quaritsch,* § 120 Rn.135.
[26] Isensee/Kirchhoff, HdbStR V, *Quaritsch,* § 120 Rn.136.
[27] Stern, Das StaatsR der BRD III/1, S.1041; Isensee/Kirchhoff, HdbStR V, *Quaritsch,* § 120 Rn.136.
[28] *Jarass*/Pieroth, Art. 2 Rn.9.
[29] Pieroth/Schlink, StaatsR II, Rn.128, 387.

geltung für Ausländer kein Spezialitätsverhältnis. Art. 2 I GG entfaltet seine Auffangwirkung somit auch gegenüber Nichtdeutschen.[30] Das Grundrecht des Art. 2 I GG auf freie Entfaltung der Persönlichkeit wird hierbei heute weit als allgemeine Handlungsfreiheit verstanden, welche ein jegliches menschliches Verhalten schützt.[31] Die Gefahr, dass so über Art. 2 I GG die Differenzierung zwischen den Deutschen- und den Jedermanngrundrechten überwunden wird, besteht angesichts des allgemeinen Gesetzesvorbehaltes des Art. 2 I GG nicht.[32] Weiterhin ist in der Verhältnismäßigkeitsprüfung nicht das speziellere Deutschengrundrecht, sondern der Art. 2 I GG mit seiner grundrechtlichen Wertigkeit in die Abwägung einzustellen, hierdurch bleibt eine ausreichende Differenzierung erhalten[33], auch bei Deutschengrundrechten mit allgemeinen Gesetzesvorbehalt. Es ist der h.M. zu folgen, insb. auch da so trotz Überwindung der Grundrechtsschutzlosigkeit der Ausländer in den von den Deutschengrundrechten erfassten Bereichen die Differenzierung zwischen diesen und den Jedermanngrundrechten nicht aufgehoben wird.

Die Abwägung kann im Einzelfall sehr unterschiedliche Ausmaße annehmen.

Die hier gewählte Art und Weise hätte in einer „Anfängerhausarbeit" sicherlich etwas kürzer ausfallen können.

Folglich ist K über das Grundrecht des Art. 2 I GG auch in Bezug auf seine Vereinigungsfreiheit Grundrechtsträger und somit beschwerdefähig.

c) Verfahrensfähigkeit

K ist als natürliche, als volljährig anzusehende Person auch ohne Einschränkungen Verfahrens- und somit prozessual handlungsfähig.

d) Zwischenergebnis

Somit besitzt K die notwendige Beteiligtenfähigkeit.

3. Beschwerdegegenstand

Drittens müsste es sich bei dem angegriffenen Urteil im Verfahren des einstweiligen Rechtsschutzes um einen zulässigen Beschwerdegegenstand handeln. Zulässiger Beschwerdegegenstand i.S.d. Art. 93 I Nr.4a GG, § 90 I ist ein jeder Akt der öffentlichen Gewalt.[34] Hierbei sind, unter Beachtung der Grundrechtsbindung des Art. 1 III GG, nicht nur die Akte der Exekutive, sondern auch die der Judikative und der Legislative erfasst.[35] Dieses ergibt sich weiterhin aus den §§ 94 III, 95 II und 93 III, 94 IV, 95 III.[36] Insofern unterscheidet sich hier der Begriff der öffentlichen Gewalt vom dem des Art. 19 IV GG.[37] Bei dem von K angegriffenen Urteil handelt es sich um einen Akt der Rechtsprechung

[30] Stern, Das StaatsR der BRD III/1, S.1041; Pieroth/Schlink, StaatsR II, Rn.130.

[31] BVerfGE 29, 402 (408); Pieroth/Schlink, StaatsR II, Rn.386.

[32] Pieroth/Schlink, StaatsR II, Rn.128.

[33] Sachs in BayVBl 1990, S. 385 (388, 389).

[34] Maunz/Schmidt-Bleibtreu/Klein/*Bethge*,, § 90 Rn.176.; Jarass/*Pieroth*, Art. 93 Rn.50; Pieroth/Schlink, StaatsR II, Rn.1231; Erichsen in Jura 1991, S.585 (587).

[35] Maunz/Schmidt-Bleibtreu/Klein/*Bethge*,, § 90 Rn.176.; Pieroth/Schlink, StaatsR II, Rn.1231.

[36] Pieroth/Schlink, StaatsR II, Rn.1231.

[37] Umbach/Clemens/*Ruppert*, § 90 Rn.53; V. Münch/Kunig, *Krebs*, Art. 19 Rn.55.

und somit, als Akt der öffentlichen Gewalt, um einen zulässigen Beschwerdegegenstand.

4. Beschwerdebefugnis

Merke:

Für die Beschwerdebefugnis ist die Möglichkeit einer Grundrechtsverletzung notwendig, die den Beschwerdeführer selbst, gegenwärtig und unmittelbar in seiner grundrechtlich geschützten Position betrifft.

Der Beschwerdeführer müsste viertens die notwendige Beschwerdebefugnis nach § 90 I besitzen, d.h. er muss geltend machen durch den Akt der öffentlichen Gewalt in seinen Grundrechten oder den in § 90 I GG genannten grundrechtsgleichen Rechten verletzt zu sein[38].

Es muss sich soweit nach ganz h.M. zumindest die ausreichend substantiierte Möglichkeit einer Grundrechtsverletzung ergeben[39], sog. Möglichkeitstheorie[40].

Hier wurde dem K von der Ausländerbehörde untersagt sich weiter politisch zu betätigen, insb. kritische Beiträge über die Türkei zu veröffentlichen, weiterhin wurde der vom K mitgegründete Verein „Für ein freies Kurdistan“ sowie die von diesem Verein herausgegebene Zeitschrift „Stimme Kurdistans“ von der zuständigen Behörde verboten. Diese Maßnahmen eröffnen die Möglichkeit einer Verletzung sowohl der Meinungsfreiheit des K aus Art. 5 I S.1 Alt.1 GG, hinsichtlich des Verbotes der politischen Betätigung und der Veröffentlichung kritischer Beiträge über die Türkei, als auch der Pressefreiheit des K aus Art. 5 I S.2 Var.1 GG, hinsichtlich des Verbotes der Zeitschrift, sowie der allgemeinen Handlungsfreiheit des K aus Art. 2 I GG, hinsichtlich des Verbotes des genannten Vereins. Gegen diese Verwaltungsakte wandte sich K im Verfahren des vorläufigen Rechtsschutzes ohne Erfolg in zwei Instanzen.

Folglich wurde auch durch die vom K angegriffene zweitinstanzliche Entscheidung im Verfahren des einstweiligen Rechtsschutzes der oben beschriebene, die Möglichkeit einer Grundrechtsverletzung eröffnende Zustand nicht beseitigt, sondern aufrecht erhalten. Somit ergibt sich unmittelbar aus dieser zweitinstanzlichen Entscheidung die Möglichkeit einer Verletzung der Grundrechte des K.

Das Bundesverfassungsgericht in allerdings keine Superrevisionsinstanz. Die Verfassungsbeschwerde ist kein außerordentlicher Rechtsbehelf. Die Überprüfung des einfachen Rechts obliegt den Fachgerichten. Folglich müsste sich die Möglichkeit einer spezifischen Grundrechtsverletzung ergeben. Eine solche liegt vor bei der Anwendung einer verfassungswidrigen Norm, der Nichtanwendung eines Grundrechts oder der Verkennung der Bedeutung und Tragweite eines Grundrechts.

---

[38] Pieroth/Schlink, StaatsR II, Rn.1234; Erichsen in Jura 1991, S.638 (638).

[39] BVerfGE 64, 367 (375); Jarass/*Pieroth*, Art. 93 Rn.52; Pieroth/Schlink, StaatsR II, Rn.1235.

[40] Umbach/Clemens/*Ruppert*, § 90 Rn.89.

Hier besteht die Möglichkeit, dass das Gericht bei seiner Entscheidung die Grundrechte des Art. 5 I S.1 Alt.1, S.2 Var.1 und Art. 2 I GG nicht ausreichend berücksichtigt und somit deren Bedeutung und Tragweite verkannt hat. Folglich ist die Möglichkeit einer spezifischen Grundrechtsverletzung gegeben.

Letztlich müsste der Beschwerdeführer durch die Entscheidung selbst, gegenwärtig und unmittelbar betroffen sein.[41] Diese Voraussetzung bedarf bei einer angegriffenen Gerichtsentscheidung i.d.R. keiner näheren Prüfung.[42] K ist durch die gegen ihn gerichtete Entscheidung selbst, gegenwärtig und unmittelbar betroffen.

Somit besitzt K die notwendige Beschwerdebefugnis nach § 90 I.

5. Rechtswegerschöpfung

Die hier dargestellten Prüfungspunkte Rechtswegerschöpfung und Subsidiarität sind besonders in der hiesigen Fallkonstellation wichtig und müssen sorgfältig erörtert werden.

Fünftens ist gem. § 90 II S.1, gestützt auf Art. 94 II S.2 GG, die Rechtswegerschöpfung Zulässigkeitsvoraussetzung der Verfassungsbeschwerde.[43]

Hierbei ist das Verfahren des einstweiligen Rechtsschutzes eigenständig und getrennt von dem Verfahren der Hauptsache zu betrachten.[44] Es steht der Zulässigkeit der Verfassungsbeschwerde hier soweit nicht entgegen, dass das Verfahren noch in der Hauptsache betrieben werden könnte.[45] Mit der zweitinstanzlichen Ablehnung des Antrages auf einstweiligen Rechtsschutz ist dieses Eilverfahren in seinem Rechtsweg erschöpft. Somit ist die Erschöpfung des Rechtsweges gegeben.

6. Subsidiarität

Sechstens muss über die Voraussetzung der Rechtswegerschöpfung i.e.S. hinaus der Beschwerdeführer alle nach der Lage der Sache zur Verfügung stehenden Möglichkeiten ergriffen haben, um die geltend gemachte Grundrechtsverletzung abzuwenden.[46] Dieser Grundsatz der Subsidiarität folgt aus § 90 II S.1 analog.[47]

Das bisher nicht durchgeführte Verfahren in der Hauptsache könnte der Zulässigkeit der Verfassungsbeschwerde des K im Hinblick auf

[41] BVerfGE 1, 97 (101); V. Münch/Kunig, *Meyer*, Bd.3, 5.Auflage 2003 Art. 93 Rn.58; Umbach/Clemens/*Ruppert*, § 90 Rn.71; Pieroth/Schlink, StaatsR II, Rn. 1243 ff.; Schlaich, Das BVerfG, Rn.215.

[42] BVerfGE 53, 30 (40 ff.)

[43] Jarass/*Pieroth*, Art. 93 Rn.57; Erichsen in Jura 1991, S.638 (641).

[44] BVerfGE 35, 382 (397); 53, 30 (52); Schlaich, Das BVerfG, Rn.250.

[45] BVerfGE 35, 382 (397); Robbers, JuS 1993, S. 1022 (1024).

[46] BVerfGE 68, 384 (388 f.); 73, 322 (325); 74, 102 (103); Pieroth/Schlink, StaatsR II, Rn.1261.

[47] BVerfG NVwZ 1998, 169 (170).

diesen Grundsatz der Subsidiarität der Verfassungsbeschwerde entgegenstehen.

Der Beschwerdeführer braucht sich aber dann nicht auf das Hauptsacheverfahren verweisen zu lassen, wenn eine weitere Klärung der Sachlage nicht zu erfolgen braucht, wenn die zu entscheidenden Rechtsfragen in den Verfahren der Hauptsache und des einstweiligen Rechtsschutzes identisch sind und wenn aus diesem Grunde erwartungsgemäß das Hauptsacheverfahren die Anrufung des Bundesverfassungsgerichts nicht entbehrlich macht.[48] Unzulässig ist demnach die Verfassungsbeschwerde, wenn die gerügten Grundrechtsverletzungen lediglich das Hauptsacheverfahren betreffen.[49] Dieses gilt ebenso, wenn die einfach-rechtliche Rechtslage und die entscheidungserheblichen Tatsachen noch nicht ausreichend geprüft sind und die Verweisung auf das Verfahren in der Hauptsache keinen schweren Nachteil bedeutet.[50] Dieses gilt nicht, wenn die Grundrechtsverletzung im Hauptsacheverfahren nicht mehr ausgeräumt werden kann.[51]

Die Überprüfung der Subsidiarität hätte in diesem Fall wohl auch etwas kürzer erfolgen können.

Hier bezieht sich sowohl das Hauptsacheverfahren, als auch das des einstweiligen Rechtsschutzes auf die Rechtmäßigkeit der den K belastenden Verwaltungsakte. Folglich sind die in diesen Verfahren zu klärenden Rechtslagen identisch.

Es kann davon ausgegangen werden, dass die genannten Verwaltungsakte sowie die für den Erlass derselben maßgeblichen Tatsachenerhebungen und Wertungen der Behörden, als auch die Einwendungen des K bereits bei der Entscheidung im Verfahren des einstweiligen Rechtsschutzes dem Gericht vorlagen und somit im Verfahren der Hauptsache keine weiteren Tatsachenerhebungen zu erwarten sind.

Somit ist im Verfahren der Hauptsache keine andere Entscheidung zu erwarten als die, welche bereits im Verfahren des vorläufigen Rechtsschutzes in zwei Instanzen erfolgte. Hier würde somit auch die Verweisung des K auf das Hauptsacheverfahren die Anrufung des Bundesverfassungsgerichts nicht entbehrlich machen.

Die vom K gerügten Grundrechtsverletzungen seiner Meinungs-, Presse- und allgemeinen Handlungsfreiheit in der Ausprägung als Vereinigungsfreiheit betreffen im speziellen auch das Verfahren des einstweiligen Rechtsschutzes. Die ausreichende Prüfung der einfachrechtlichen Rechtslage durch das Gericht im Verfahren des einstweiligen Rechtsschutzes kann, aufgrund der Entscheidungserheblichkeit auch in diesem Verfahren, unterstellt werden.

---

[48] BVerfGE 56, 216 (234); 62, 117 (143); 75, 318 (325); Schlaich, Das BVerfG, Rn.250.

[49] Umbach/Clemens/*Sperlich*, § 90 Rd.138; Schlaich, Das BVerfG, Rn.242.

[50] Schlaich, Das BVerfG, Rdn.250.

[51] BVerfGE 69, 233 (241) und 315 (340); 74, 51 (56); Erichsen in Jura 1991, S.638 (641).

Folglich braucht sich K nicht auf das Hauptsacheverfahren verweisen lassen und das noch nicht durchgeführte Verfahren in der Hauptsache steht der Zulässigkeit der Verfassungsbeschwerde gegen die zweitinstanzliche Entscheidung im Verfahren des einstweiligen Rechtsschutzes nicht entgegen.

Da sich andere Möglichkeiten zur Abwendung der Grundrechtsverletzung für den K der Sache nach nicht ergeben, ist die Zulässigkeitsvoraussetzung der Subsidiarität der Verfassungsbeschwerde gegeben.

7. Allgemeines Rechtschutzbedürfnis

Siebtens setzt die Zulässigkeit der Verfassungsbeschwerde nach allgemeinem Prozessrecht ein allgemeines Rechtschutzbedürfnis voraus.[52] Das Erfordernis dieser allgemeinen Rechtschutzvoraussetzung entfällt auch dann nicht, wenn die spezielleren Voraussetzungen der Rechtswegerschöpfung und der Subsidiarität erfüllt sind. Ein solches allgemeines Rechtschutzbedürfnis besteht insbesondere, wenn kein anderes Verfahren existiert, mit dem das angestrebte Ziel leichter erreicht werden kann.

Frage an dieser Stelle:

Gibt es eine einfachere Möglichkeit des Grundrechtsschutzes?

Hier ist, wie bereits zu den Merkmalen der Rechtswegerschöpfung und Subsidiarität ausgeführt[53], kein anderes Verfahren zur leichteren Erreichung dieses Zieles ersichtlich. Folglich besteht ein allgemeines Rechtsschutzbedürfnis.

8. Ordnungsmäßigkeit des Antrags und Frist

Achtens ist gem. §§ 23 I, 92 die Verfassungsbeschwerde schriftlich einzulegen und zu begründen.[54] Da sich nichts Gegenteiliges ergibt, ist von der Ordnungsmäßigkeit des Antrags auszugehen. Gem. § 93 I S.1 ist die Verfassungsbeschwerde binnen eines Monats zu erheben und zu begründen.[55] K hat umgehend Verfassungsbeschwerde eingelegt. Somit ist die Frist des § 93 I S.1 gewahrt.

II. Zwischenergebnis

Die Verfassungsbeschwerde des K ist folglich zulässig.

[52] Jarass/*Pieroth*, Art. 93, Rn.66; Erichsen in Jura 1991, S.638 (643).

[53] Vergl. oben A. I. 5.) und 6.).

[54] Jarass/*Pieroth*, Art. 93 Rn.67; Erichsen in Jura 1991, S.585 (586).

[55] Jarass/*Pieroth*, Art. 93 Rn.67.

III. Begründetheit

Die Verfassungsbeschwerde ist begründet, wenn K durch die zweitinstanzliche Entscheidung im Verfahren des einstweiligen Rechtsschutzes in seinen Grundrechten auf Meinungsfreiheit aus Art. 5 I S.1 Alt.1 GG, Pressefreiheit aus Art. 5 I S.2 Var.1 GG oder freie Entfaltung der Persönlichkeit aus Art. 2 I GG verletzt ist.

1. Meinungsfreiheit, Art. 5 I S.1 Alt.1 GG

Persönlicher Schutzbereich von Art. 5 I 1:

=> Jedermann

K könnte in seinem Grundrecht auf Meinungsfreiheit verletzt sein.

a) Eröffnung des Schutzbereiches

Der persönliche Schutzbereich des Art. 5 I S.1 Alt.1 GG ist für den K, als Träger der Meinungsfreiheit, eröffnet.

Sachlicher Schutzbereich:

=> „Meinungen“ „im Wort usw. frei zu äußern und zu verbreiten“

Die Meinungsfreiheit umfasst das Recht seine Meinung in Wort, Schrift und Bild frei zu äußern und zu verbreiten. Meinungen sind hier zumindest Ansichten, Überzeugungen, Auffassungen, Wertungen, Urteile, Stellungnahmen und Einschätzungen.[56] Entscheidend ist das Merkmal der wertenden Stellungnahme.[57] Meinungsäußerungen sind in ihrem Kerngehalt Werturteile.[58] Dabei wird der Schutzbereich unabhängig von Inhalt und Qualität der Meinung eröffnet.[59]

Von Art. 5 I 1 ist auch das Recht umfasst, sich nicht äußern zu müssen (negative Meinungsfreiheit)!

Strittig ist, ob auch Tatsachenbehauptungen vom Schutzbereich der Meinungsfreiheit umfasst sind.[60] Nach einer Ansicht fallen diese nicht in den Schutzbereich des Art. 5 I S.1 Alt.1 GG.[61] Nach h.M. sind aber auch Tatsachenbehauptungen vom Schutzbereich der Meinungsfreiheit umfasst, wenn diese wertende Elemente enthalten[62] oder Voraussetzung für die Bildung von Meinungen sind[63].

Bei den politischen Äußerungen des K handelt es sich um kritische Auseinandersetzungen mit der Politik der Türkei. Diese enthalten eindeutig Werturteile, zwar könnten diese auch Tatsachenbehauptungen enthalten, es werden aber die wertenden Elemente im Vordergrund stehen, die beigefügten Tatsachenbehauptungen werden dann lediglich zur Grundlage der Bildung von Meinungen dienen und den wertenden Charakter der Gesamtäußerungen nicht aufheben. Diese sind in dieser Zusammenwirkung insgesamt vom Schutzbereich der Meinungsfreiheit

---

[56] V. Münch/Kunig, *Wendt*, Bd.1 3. Auflage 2000 Art. 5 Rn.8.

[57] V. Münch/Kunig, *Wendt*, Art. 5 Rn.8.

[58] Sachs, *Bethge*, Art. 5 Rn.25; *Jarass*/Pieroth, Art. 5 Rn.3; Pieroth/Schlink, StaatsR II, Rn.594.

[59] *Jarass*/Pieroth, Art. 5 Rn.3; Pieroth/Schlink, StaatsR II, Rn.594.

[60] V. Münch/Kunig, *Wendt*, Art. 5 Rn.9.

[61] Pieroth/Schlink, StaatsR II, Rn.596.

[62] BVerfGE 61, 1 (9); Pieroth/Schlink, StaatsR II, Rn. 597.

[63] BVerfGE 61, 1 (8); 94, 1 (17); Sachs, *Bethge*, Art. 5 Rn.29;

umfasst.[64] Somit handelt es sich bei den Äußerungen des K um Meinungen i.S.d. Art. 5 I S.1 Alt.1 GG. Eine Entscheidung zwischen den bezüglich der Schutzbereichseröffnung für Tatsachenbehauptungen widerstreitenden Ansichten kann entfallen.

Fraglich ist, ob der Schutzbereich des Art. 5 I S.1 Alt.1 GG auch hinsichtlich der Äußerungen des K eröffnet ist, in denen er die Türkei als „Militärdiktatur" und die PKK als „totalitäre Verbrecherorganisation" bezeichnet.

Grds. umfasst das genannte Grundrecht auch die Freiheit der Entscheidung, wie eine Meinung formuliert werden soll.[65] Handelt es sich um einen Beitrag zum freien geistigen Meinungskampf in einer die Öffentlichkeit wesentlich berührenden Frage, dann spricht die Vermutung für die Zulässigkeit der freien Rede.[66] Auch scharfe und übersteigerte Äußerungen fallen grds. in den Schutzbereich der Meinungsfreiheit.[67] Geschützt sind insb. auch polemische Äußerungen.[68]

Auch diese Äußerungen des K sind im Rahmen der kritischen Auseinandersetzung mit Kurdenpolitik in der Türkei als Beitrag zum geistigen Meinungskampf zu betrachten, es ging dem K offensichtlich nicht um eine Herabwürdigung der Türkei oder der PKK, sondern um eine Auseinandersetzung mit deren Kurdenpolitik. Diese ist auch eine die Öffentlichkeit wesentlich berührende Frage. Folglich sind auch diese Äußerungen vom Schutzbereich der Meinungsfreiheit umfasst. Geschützt ist eine jede Form der Meinungsäußerung[69], sowie deren Verbreitung[70].

Strittig ist allerdings, ob hinsichtlich von Meinungsäußerungen in der Presse das Grundrecht der Meinungs- oder das der Pressefreiheit einschlägig ist. Nach einer Ansicht schützt die Pressefreiheit auch Meinungsäußerungen in Presseprodukten, so dass die Pressefreiheit der Meinungsfreiheit als lex specialis vorgeht.[71]

Nach wohl h.M. ist auch bei Meinungsäußerungen in der Presse zumindest primär lediglich der Schutz der Meinungsfreiheit eröffnet.[72]

---

[64] Hill/Hufen/*Müller*/Ullmann, Meinungsfreiheit, 1.Auflage 1998 S.46.

[65] Schmidt-Bleibtreu/Klein, Art. 5 Rn.4.; Hill/Hufen/*Müller*/Ullmann, Meinungsfreiheit, S.52.

[66] Sachs, *Bethge*, Art. 5 Rn.26.

[67] Sachs, *Bethge*, Art. 5 Rn.26.

[68] BVerfGE 61, 1 (7); 65, 1 (41); 93, 266 (289); *Jarass*/Pieroth, Art. 5 Rn.3; vergl. Hill/Hufen/ *Müller*/Ullmann, Meinungsfreiheit, S.52.

[69] V. Münch/Kunig, *Wendt*, Art. 5 Rn.17; *Jarass*/Pieroth, Art. 5 Rn.6.

[70] V. Münch/Kunig, *Wendt*, Art. 5 Rn.17; *Jarass*/Pieroth, Art. 5 Rn.6.

[71] Sachs, *Bethge*, Art. 5 Rn.47, 89; *Jarass*/Pieroth, Art. 5 Rn.24; Fehling in JuS 1996, S.431 (434).

[72] Pieroth/Schlink, StaatsR II, Rn.616; Fehling in JuS 1996, S.431 (434).

Der Empfänger einer Meinung ist übrigens

1. durch den Art. 5 I 1 „Informationsfreiheit“ und

2. durch Art. 101 „Briefgeheimnis“ geschützt.

Auch gedruckte Meinungsäußerungen sind somit über Art. 5 I S.1 Alt.1 GG geschützt.[73]

Für die erste Meinung spricht, dass die Pressefreiheit alle mit dem Pressewesen zusammenhängenden Tätigkeiten schützt[74], in diesem Zusammenhang also auch Meinungsäußerungen in den Presseprodukten. Für die h.M. ist hingegen anzuführen, dass gedruckte Meinungsäußerungen schon im Wortlaut des Art. 5 I S.1 Alt.1 GG im Tatbestandsmerkmal „Schrift“ enthalten sind, es besteht soweit keine Notwendigkeit diesen Schutz in der Pressefreiheit zu wiederholen oder zu verstärken.[75] Die Pressefreiheit ist somit kein Spezialfall der Meinungsfreiheit.[76]

Es ist der h.M. zu folgen, der besondere Schutzbereich der Pressefreiheit ist nur dort einschlägig, wo das besondere Wesen der Presse berührt ist. Folglich ist hinsichtlich der politischen Äußerungen und Veröffentlichungen des K der Schutzbereich der Meinungsfreiheit eröffnet.

b) Eingriff

Hier wieder gut zu erkennen, was Gutachtenstil bedeutet. Zunächst wird eine Frage gestellt, die dann erörtert und letztendlich beantwortet wird.

Weiterhin müsste hier ein Eingriff in den Schutzbereich vorliegen.

Nach dem klassischen Eingriffsbegriff liegt ein Eingriff in einem finalen, staatlichen Handeln durch Rechtsakt, das mit Befehl und Zwang durchsetzbar ist und unmittelbar das grundrechtlich geschützte Verhalten einschränkt, vor.[77]

Nach dem modernen Eingriffsverständnis sind allerdings auch faktische Eingriffe, unbeabsichtigte Eingriffe, mittelbare Einwirkungen und Eingriffe, welche sich nicht mit Befehl und Zwang durchsetzen lassen, vom Eingriffsbegriff mit umfasst.[78] Verlangt wird allerdings ein zurechenbares Verhalten der öffentlichen Gewalt.[79] Der Eingriff umfasst soweit nur noch das Merkmal der Beschränkung/ Reduzierung der Schutzwirkung des jeweiligen Grundrechts.[80]

---

[73] Sachs, *Bethge*, Art. 5 Rn.89.

[74] *Jarass*/Pieroth, Art. 5 Rn.24.

[75] BVerfGE 85, 1 (11).

[76] Pieroth/Schlink, StaatsR II, Rn.616.

[77] Stern, Das StaatsR der BRD III/2, S.78; Ipsen, StaatsR II, Rn.143; Eckhoff, Der Grundrechtseingriff, 1.Auflage 1992, S.175, 176; vergl. Isensee/Kirchhoff, HdbStR V, *Lerche*, § 121 Rn.52.

[78] Pieroth/Schlink, StaatsR II, Rn.253.

[79] BVerfGE 66, 39 (60); Pieroth/Schlink, StaatsR II, Rn.253.

[80] Isensee/Kirchhoff, HdbStR V, *Lerche*, § 121 Rn.45.

Die Entscheidung im Verfahren des einstweiligen Rechtsschutzes stellt ein finales staatliches Handeln durch Rechtsakt dar. Die Entscheidung, die angegriffenen Verwaltungsakte zunächst aufrecht zu erhalten, kann mit staatlichem Zwang durchgesetzt werden. Zuletzt macht sich das Gericht mit der ablehnenden Entscheidung die angegriffenen Maßnahmen, mit den gegebenen Einschränkungen der Meinungsfreiheit über das Verbot der politischen Betätigung und der Veröffentlichung türkeikritischer Beiträge, zu eigen, in dem sie diese bestätigt und aufrecht erhält.

Folglich liegt mit dieser zweitinstanzlichen Entscheidung ein Eingriff in den Schutzbereich der Meinungsfreiheit des K vor.

c) Verfassungsrechtliche Rechtfertigung des Eingriffs

Bei Art. 5 I gilt die sog. Schrankentrias des Art. 5 II:

-allgemeine Gesetze

-gesetzl. Bestimmungen zum Schutz der Jugend

-Recht der persönlichen Ehre

Letztlich dürfte dieser Eingriff nicht durch die Schranken des Art. 5 II GG gedeckt sein. Der auf § 47 II AufenthG gestützte Grundrechtseingriff könnte hier Ausdruck der Schranke der allgemeinen Gesetze i.S.d. Art. 5 II GG sein.

aa) Allgemeine Gesetze i.S.d. Art. 5 II GG

Dazu müsste der § 47 II AufenthG zunächst ein allgemeines Gesetz i.d.S. sein.

Nach der Sonderrechtslehre sind allgemeine Gesetze nur die Vorschriften, welche kein Sonderrecht gegen die Meinungsfreiheit darstellen[81], also keine Meinung als solche und keine Äußerung als solche verbieten[82]. Nach der Abwägungslehre sind allgemeine Gesetze solche, die deshalb Vorrang vor Art. 5 I GG haben, weil das von ihnen geschützte Gut höherrangig ist als die Meinungsfreiheit.[83]

Das Bundesverfassungsgericht und mit ihm die h.M. hat beide Lehren kombiniert.[84] Allgemeine Gesetze sind demnach solche, welche nicht eine Meinung oder die Äußerung einer Meinung als solche verbieten und die vielmehr dem Schutz eines schlechthin, ohne Rücksicht auf eine bestimmte Meinung, zu schützenden Rechtsgutes dienen, welches gegenüber der Meinungsfreiheit den Vorrang hat.[85]

---

[81] V. Münch/Kunig, *Wendt*, Art. 5 Rn.69.

[82] Sachs, *Bethge*, Art. 5 Rn.144; Isensee/Kirchhoff, HdbStR VI, *Schmidt-Jortzig*, § 141 Rn.41.

[83] V. Münch/Kunig, *Wendt*, Art. 5 Rn.69.

[84] V. Münch/Kunig, *Wendt*, Art. 5 Rn.70.

[85] BVerfGE 7, 198 (209, 210); Sachs, *Bethge*, Art. 5 Rn.143; vergl. BVerfGE 50, 234 (241).

Die zugrunde liegende Vorschrift des § 47 II AufenthG verbietet keine Meinung oder Meinungsäußerung als solche. Der § 47 AufenthG dient insb. auch dem Schutz der Rechtsgüter des Schutzes des Staates, der Freiheit der politischen Willensbildung, der völkerrechtlichen Verpflichtungen und der außenpolitischen Interessen.[86]

Diese wurden vom Gesetzgeber hier als gegenüber der Meinungsfreiheit unter der Wahrung der Voraussetzungen des § 47 AufenthG höherrangig angesehen. Folglich handelt es sich bei § 47 II AufenthG um ein allgemeines Gesetz i.S.d. Art. 5 II GG, eine Entscheidung zwischen den aufgezeigten Meinungen ist nicht relevant.

Auch hier ist die Prüfungsreihenfolge:

1. Formelle Rechtmäßigkeit

2. Materielle Rechtmäßigkeit

Bestehen an der formellen Rm eines Gesetzes keinerlei Bedenken kann die Prüfung -wie hier- unterbleiben.

bb) Verfassungsmäßigkeit des § 47 II AufenthG

Der § 47 II AufenthG ist weiterhin offensichtlich formell verfassungsmäßig, es ergeben sich keinerlei Hinweise für eine formelle Verfassungswidrigkeit. Letztlich müsste der § 47 II AufenthG auch materiell verfassungsmäßig sein.

(1) Grundsatz der Verhältnismäßigkeit, Art. 20 III GG

Insb. ist der Regelungsgehalt des § 47 II AufenthG am Verhältnismäßigkeitsgrundsatz zu messen[87], dieser wird sowohl aus dem Rechtsstaatsprinzip[88] als auch aus dem Wesen der Grundrechte selbst[89] abgeleitet.

(a) Legitimer Zweck

Für die Verhältnismäßigkeit der genannten Norm i.d.S. bedarf es erstens eines legitimen Zwecks[90], welchen der Gesetzgeber mit dem § 47 II AufenthG verfolgt.

Der § 47 AufenthG soll insb. die Rechtsgüter der Sicherheit des Staates, der Freiheit der politischen Willensbildung, der völkerrechtlichen Verpflichtungen und der außenpolitischer Interessen schützen.[91] Der Schutz dieser Rechtsgüter ist ein legitimer Zweck i.S.d. Verhältnismäßigkeitsgrundsatzes.

---

[86] Renner, Ausländerrecht, 8.Auflage 2005,§ 47 Rn.5.

[87] Pieroth/Schlink, StaatsR II, Rn.289.

[88] BVerfGE 69, 1 (35); 80, 109 (120); Schmidt-Bleibtreu/Klein, Art. 20 Rn.73.; *Jarass*/Pieroth, Art. 20 Rn.80.

[89] *Jarass*/Pieroth, Art. 20 Rn.80.

[90] Pieroth/Schlink, StaatsR II, Rn.289.

[91] Renner, Ausländerrecht, § 47 Rn.5.

(b) Geeignetheit

Zweitens muss das gewählte Mittel geeignet sein diesen Zweck zu erreichen.[92] Das Mittel ist geeignet, wenn es den gewünschten Erfolg zumindest fördert.[93] Der § 47 AufenthG ermöglicht die Beschränkung oder Untersagung der politischen Betätigung von Ausländern, wenn von dieser eine Gefahr für die o.a. Rechtsgüter ausgeht. Folglich ist der § 47 AufenthG geeignet, den Schutz dieser Rechtsgüter über die Einschränkung oder Untersagung der gefährdenden pol. Betätigung zu fördern. Somit ist der § 47 AufenthG und im speziellen der § 47 II AufenthG geeignet, den angestrebten Zweck zu erreichen.

(c) Erforderlichkeit

Drittens müsste das gewählte Mittel erforderlich sein.[94] Diese Erforderlichkeit des Mittels ist gegeben, wenn kein gleich geeignetes, milderes, die einschlägigen Grundrechte weniger spürbar einschränkendes, Mittel zur Verfügung steht.[95]

Fraglich ist, ob gegenüber der völligen Untersagung der politischen Betätigung unter den nach § 47 II AufenthG notwendigen Voraussetzungen ein das Grundrecht auf Meinungsfreiheit weniger einschränkendes Mittel zur Verfügung steht.

Unter den Voraussetzungen des § 47 II AufenthG, insb. unter der Bedingung, dass von der zu verbietenden politischen Betätigung eine Gefahr für die freiheitlich demokratische Grundordnung oder die Sicherheit der Bundesrepublik Deutschland ausgeht oder diese sich Gewalt zur Durchsetzung ihrer Belange zu eigen macht oder Vereinigungen unterstützt, welche Anschläge im Bundesgebiet, gegen Deutsche oder gegen deutsche Einrichtungen veranlasst, befürwortet oder angedroht haben, ist hier kein milderes Mittel erkennbar, insb. ist in einer solchen Situation allein durch die Einschränkung der politischen Betätigung kein gleichwertiger Schutz der genannten Rechtsgüter zu erwarten, so dass eine solche Maßnahme nicht als gleich geeignet angesehen werden kann. Unter dem Eindruck der Voraussetzungen des § 47 AufenthG ist ein Einschreiten im Rahmen des § 47 AufenthG geboten.[96]

Das gewählte Mittel des § 47 II AufenthG ist folglich erforderlich.

---

[92] Schmidt-Bleibtreu/Klein, Art. 20 Rn.73.; *Jarass*/Pieroth, Art. 20 Rn.84; Pieroth/Schlink, StaatsR II, Rn.293.

[93] BVerfGE 33, 171 (187); 67, 157 (173); Schmidt-Bleibtreu/Klein, Art. 20 Rn.73.; *Jarass*/Pieroth, Art. 20 Rn.84; Pieroth/Schlink, StaatsR II, Rn.293.

[94] Schmidt-Bleibtreu/Klein, Art. 20 Rn.73.; *Jarass*/Pieroth, Art. 20 Rn.85; Pieroth/Schlink, StaatsR II, Rn.289.

[95] BVerfGE 79, 256 (270); 90, 145 (172); 92, 262 (273); Schmidt-Bleibtreu/Klein, Art. 20 Rn.73.; *Jarass*/Pieroth, Art. 20 Rn.85.

[96] Bamberger, Ausländerrecht und Asylverfahrensrecht, 2.Auflage 1997, Rn.254.

Die hier gewählte Bezeichnung der Prüfung ist nicht zwingend. Weit verbreitet ist auch die Bezeichnung „Angemessenheit". Bei dieser Verhältnismäßigkeit im engeren Sinne (i.e.S.) ist zu überprüfen, ob der mit der Maßnahme beabsichtigte Zweck/Erfolg nicht außer Verhältnis zur Schwere des Eingriffs steht.

Hierbei kann man sich gut die „Justitia" mit ihren Waagschalen vorstellen, die man auf der einen Seite mit dem Eingriff und auf der anderen Seite mit dem Zweck belegt.

(d) Zumutbarkeit

Viertens müsste das Mittel auch zumutbar, d.h. verhältnismäßig i.e.S. sein.97 Dies bedeutet, der fragliche Grundrechtseingriff muss in angemessenem Verhältnis zu der Bedeutung und Tragweite des Grundrechts stehen.98

Die Meinungsfreiheit ist eines der vornehmsten Menschenrechte überhaupt.[99] Die Meinungsfreiheit ist für die demokratische Ordnung konstituierend.[100] Das Verbot der politischen Betätigung bedeutet einen schweren Eingriff in die Meinungsfreiheit, weil dieses für den Betroffenen die Ausübung seiner Meinungsfreiheit in einem wichtigen Bereich des gesamtgesellschaftlichen Dialogs verbietet. Diesem Eingriff in ein Grundrecht von großer Bedeutung steht der Schutz der genannten Rechtsgüter, insb. der Sicherheit des Staates und der freiheitlich demokratischen Grundordnung, unter dem Eindruck der beschriebenen massiven Gefährdung, gegenüber. Die Bedeutung der freiheitlich demokratischen Grundordnung ergibt sich hierbei aus deren Herleitung aus dem Demokratie- und Rechtsstaatsprinzip des Art. 20 I und III GG[101], welcher der Ewigkeitsklausel des Art. 79 III GG untersteht.

Der Sicherheit des Staates, insb. der freiheitlich demokratischen Grundordnung, aber auch kodifizierten Normen des Völkerrechts kommt somit großes Gewicht zu. Die Bedeutung einer Sicherung dieser Rechtsgüter wird dabei unter dem Eindruck der zu den Voraussetzungen des § 47 II AufenthG gehörenden Gefährdung noch gewichtiger, so dass die beschriebene Einschränkung des Grundrechts der Meinungsfreiheit noch als nicht außer Verhältnis zum angestrebten Zweck anzusehen ist. Folglich ist das hier gewählte Mittel des § 47 II AufenthG auch verhältnismäßig i.e.S. Somit ist der § 47 II AufenthG auch verhältnismäßig i.w.S.

(2) Zwischenergebnis

Weitere Anhaltspunkte für eine materielle Verfassungswidrigkeit ergeben sich nicht, folglich ist der § 47 II AufenthG auch materiell verfassungsgemäß.

---

97 *Jarass*/Pieroth, Art. 20 Rn.86; Pieroth/Schlink, StaatsR II, Rn.299.

98 BVerfGE 30, 292 (316); 67, 157 (173); Schmidt-Bleibtreu/Klein, Art. 20 Rn.74.; *Jarass*/Pieroth, Art. 20 Rn.86; Pieroth/Schlink, StaatsR II, Rn.299.

99 BVerfGE 7, 198 (208); *Jarass*/Pieroth, Art. 5 Rn.2.

100 BVerfGE 62, 230 (247); 76, 196 (208 f.); Schmidt-Bleibtreu/Klein, Art. 5 Rn.2.; *Jarass*/Pieroth, Art. 5 Rn.2.

101 Stern, Das StaatsR der BRD I, S.566, 567.

cc) Verfassungsmäßigkeit der Einzelentscheidung

Weiterhin müsste auch die Einzelmaßnahme verfassungsgemäß sein.

(1) Grundsatz der Verhältnismäßigkeit, Art. 20 GG / Wechselwirkungslehre

Auch die vorliegende Einzelentscheidung im Verfahren des einstweiligen Rechtsschutzes ist am Verhältnismäßigkeitsgrundsatz zu messen. Dabei sind nach der vom Bundesverfassungsgericht entwickelten sog. Wechselwirkungslehre die, in die Grundrechte des Art. 5 I GG eingreifenden, allgemeinen Gesetze ihrerseits im Lichte der in Art. 5 I GG gewährten Grundrechte auszulegen und so in ihrer grundrechtsbeschränkenden Wirkung selbst wieder zu beschränken.[102]

(a) Legitimes Ziel

Die hier in Rede stehende Maßnahme dient dem legitimen Ziel des § 47 AufenthG.

(b) Geeignetheit

Für die erforderliche Geeignetheit, müsste diese Maßnahme dem Zweck des § 47 II AufenthG zumindest förderlich sein.

Fraglich ist, ob die gerichtliche Aufrechterhaltung des Verbotes der politischen Betätigung des K geeignet ist, den Zweck des § 47 II AufenthG, insb. dem Schutz der Rechtsgüter der Sicherheit des Staates, der Freiheit der politischen Willensbildung, der völkerrechtlichen Verpflichtungen und der außenpolitischen Interessen, zu fördern. Besonderes Merkmal der politischen Äußerungen und Veröffentlichungen des K ist es, dass dieser sich nicht nur mit Kurdenpolitik des türkischen Staates, sondern auch mit den Tätigkeiten der PKK kritisch auseinandersetzt. Diese zeigt, dass K sich in seinen Äußerungen und Beiträgen nicht einseitig für die PKK und ihre Politik einsetzt, sondern auch deren Vorgehensweise kritisch beleuchtet.

Es sind nun aber gerade die Organisationen und Personen, welche auch die radikale Vorgehensweise der PKK in entsprechenden Beiträgen und Äußerungen undifferenziert unterstützten, von denen eine Gefährdung für die freiheitlich demokratische Grundordnung durch die Befürwortung von Gewalt zur Durchsetzung politischer Ziele, wie diese von der PKK über einen längeren Zeitraum ausgegangen ist, ausgeht. Diese uneingeschränkte Unterstützung solcher Vorgehensweisen war und ist geeignet weitere politisch motivierte Gewalttaten im In- und Ausland hervorzurufen und so nicht nur die freiheitlich demokratische

---

[102] BVerfGE 66, 116 (150); 71, 206 (214); *Jarass*/Pieroth, Art. 5 Rn.57; Isensee/Kirchhoff, HdbStR VI, *Schmidt-Jortzig*, § 141 Rn.42.

Grundordnung, sondern auch die außenpolitischen Interessen und völkerrechtlichen Verpflichtungen der Bundesrepublik Deutschland zu gefährden.

Dagegen sind es Personen wie K, welche durch kritische Auseinandersetzung mit beiden Seiten eine differenziertere Betrachtungsweise des Gesamtbildes fördern und so der Tendenz zu unbedacht einseitiger Parteinahme und entsprechend radikaler Vorgehensweise in der Öffentlichkeit entgegen wirken. Die Äußerungen und Veröffentlichungen des K sind gerade keine Bedrohung für die freiheitlich demokratische Grundordnung, vielmehr helfen sie durch die Förderung einer differenzierteren Sichtweise und den Abbau radikaler Tendenzen diese zu sichern.

Eine Gefährdung der außenpolitischen Interessen i.S.d. § 47 II AufenthG durch die türkeikritischen Beiträge des K kann auch nicht gesehen werden. Allein einer kritische Auseinandersetzung mit Kurdenpolitik der Türkei durch den K, auch wenn teilweise polemisch geführt, kann nicht das nötige Gewicht zukommen um eine entsprechende Gefährdung darzustellen.

Das Verbot der politischen Betätigung des K und insb. der Veröffentlichung türkeikritischer Beiträge war somit nicht nur nicht geeignet den Zweck des § 47 II AufenthG zu fördern, sondern diesem Ziel noch abträglich. Folglich war die gerichtliche Einzelentscheidung nicht geeignet i.S.d. Verhältnismäßigkeitsgrundsatzes.

Folglich ist die vorliegende Einzelentscheidung nicht verhältnismäßig.

(2) Zwischenergebnis

Somit ist diese nicht materiell verfassungsgemäß und der Eingriff in den Schutzbereich der Meinungsfreiheit ist nicht durch die Schranken des Art. 5 II GG gerechtfertigt. Damit ist K in seinem Grundrecht auf Meinungsfreiheit aus Art. 5 I S.1 Alt.1 GG verletzt.

2. Pressefreiheit, Art. 5 I S.2 Var.1 GG

K könnte weiterhin in seinem Grundrecht auf Pressefreiheit verletzt sein.

a) Eröffnung des Schutzbereiches

Der persönliche Schutzbereich des Art. 5 I S.2 Var.1 GG ist für den K, als Träger der Pressefreiheit, eröffnet.

Das Grundrecht der Pressefreiheit aus Art. 5 I S.2 Var.1 GG gewährt einen umfassenden Schutz. Der Begriff der Presse umfasst alle Druckerzeugnisse, die zur Verbreitung bestimmt und geeignet sind.[103] Umfasst sind sowohl periodische als auch nicht periodische Druckschriften[104], sowie audiovisuelle Speichermedien[105]. Für die Eröffnung des Schutzbereiches ist der Inhalt des Presseerzeugnisses unerheblich[106], geschützt ist die Verbreitung von Gedankeninhalten jeglicher Art[107]. Der Schutz der Pressefreiheit reicht von der Informationsbeschaffung bis zur Verbreitung.[108] Über diesen abwehrrechtlichen Charakter hinaus enthält der Art. 5 I S.2 Var.1 GG eine Institutsgarantie für die freie Presse überhaupt.[109] Der Schutz der Pressefreiheit bezieht sich auf alle im Pressewesen tätigen Personen in Ausübung ihrer Funktion, auf die Erzeugnisse selbst, auf die institutionell-organisatorischen Voraussetzungen sowie auf die Institution einer freien Presse überhaupt.[110]

Hier erfolgt eine sehr umfangreiche Definition des Schutzbereiches von Art. 5 I S. 2 1. Var. GG. Diese Definition hätte auch nicht derart umfangreich sein müssen, sondern sich vielmehr nur auf das hier Relevante beziehen können.

Für Meinungsäußerungen in Druckerzeugnissen bleibt es allerdings beim Schutz des Art. 5 I S.1 Alt.1 GG, bezüglich des Verbotes der Veröffentlichung weiterer Beiträge ist somit die Meinungsfreiheit und nicht die Pressefreiheit einschlägig.

Allerdings könnte für den K der Schutzbereich der Pressefreiheit bezüglich der Zeitschrift „Stimme Kurdistans" eröffnet sein. Herausgeber der Zeitschrift ist der vom K mitgegründete eingetragene Verein „Für ein freies Kurdistan". K veröffentlichte in dieser Zeitschrift regelmäßig Beiträge. Folglich ist K, wenn auch nicht selber als Herausgeber, so doch als Mitarbeiter und Gründungsmitglied der herausgebenden Organisation eine im Pressewesen tätige Person. Bei der Zeitschrift handelt es sich auch eindeutig um ein Presseerzeugnis. Folglich ist hinsichtlich der Herausgabe dieser Zeitschrift der sachliche Schutzbereich der Pressefreiheit in seiner o.g. umfassenden Form für den K eröffnet.

---

[103] Sachs, *Bethge*, Art. 5 Rn.68; V. Münch/Kunig, *Wendt*, Art. 5 Rn.30; Pieroth/Schlink, Grundrecht StaatsR II, Rn.613.

[104] Isensee/Kirchhoff, HdbStR VI, *Bullinger*, § 142 Rn.2.

[105] Isensee/Kirchhoff, HdbStR VI, *Bullinger*, § 142 Rn.2; Pieroth/Schlink, StaatsR II, Rn.613; vergl. Sachs, *Bethge*, Art. 5 Rn.68.

[106] V. Münch/Kunig, *Wendt*, Art. 5 Rn.31.

[107] Isensee/Kirchhoff, HdbStR VI, *Bullinger*, § 142 Rn.16.

[108] BVerfGE 20, 162 (176); v. Münch/Kunig, *Wendt*, Art. 5 Rn.33; Pieroth/Schlink, StaatsR II, Rn.613; vergl. Isensee/Kirchhoff, HdbStR VI, *Bullinger*, § 142 Rn.15.

[109] Schmidt-Bleibtreu/Klein, *Kannengießer*, Art. 5 Rn.14; Sachs, *Bethge*, Art. 5 Rn.72; Isensee/Kirchhoff, HdbStR VI, *Bullinger*, § 142 Rn.34.

[110] BVerfGE 85, 1 (12 f.); Pieroth/Schlink, StaatsR II, Rn.615.

Hier erkennt man gut, dass dem Verfasser klar gewesen ist, dass eine erneute Definition eines Eingriffs unterbleiben kann, da diese oben schon ausführlich abgehandelt wur-

b) Eingriff

Weiterhin müsste hier ein Eingriff in den Schutzbereich vorliegen.

Die Entscheidung im Verfahren des einstweiligen Rechtsschutzes stellt ein finales staatliches Handeln durch Rechtsakt dar, welches mit Zwang durchgesetzt werden kann. Das Gericht macht sich die angegriffene Maßnahme durch die ablehnende Entscheidung auch zu eigen. Diese Maßnahme, das Verbot der Zeitschrift „Stimme Kurdistans" aber schränkt den K in seinem Grundrecht auf Pressefreiheit ein, indem sie ihm die Mitherausgabe und Mitwirkung an dieser Zeitschrift verbietet.

Folglich liegt sowohl nach der klassischen als nach der modernen Eingriffslehre ein Eingriff vor, eine Entscheidung zwischen diesen kann entfallen.

c) Verfassungsmäßige Rechtfertigung des Eingriffs

Letztlich dürfte dieser Eingriff nicht durch die Schranken des Art. 5 II GG gedeckt sein. Der auf § 47 I AufenthG gestützte Grundrechtseingriff könnte Ausdruck der Schranke der allgemeinen Gesetze i.S.d. Art. 5 II GG sein.

aa) Allgemeine Gesetze i.S.d. Art. 5 II GG

Dazu müsste der § 47 I AufenthG zunächst ein allgemeines Gesetz i.d.S. sein. Für § 47 I AufenthG gilt hier das zu § 47 II AufenthG Gesagte entsprechend.

bb) Verfassungsmäßigkeit des § 47 I AufenthG

Der § 47 I AufenthG ist weiterhin formell verfassungsmäßig, es ergeben sich keinerlei Hinweise für eine formelle Verfassungswidrigkeit.

Letztlich müsste der § 47 I AufenthG auch materiell verfassungsmäßig sein.

(1) Grundsatz der Verhältnismäßigkeit, Art. 20 III GG

Auch der § 47 I AufenthG ist am Grundsatz der Verhältnismäßigkeit zu messen.

(a) Legitimer Zweck / Geeignetheit

Der legitime Zweck und die Geeignetheit des Mittels des § 47 I AufenthG sind gegeben, es gilt soweit das zu § 47 II AufenthG Gesagte entsprechend.

(b) Erforderlichkeit

Weiterhin müsste das Mittel auch erforderlich sein. Das Mittel des § 47 I AufenthG, die Einschränkung oder Untersagung der politischen Betätigung, ist unter Beachtung der als Voraussetzung des § 47 I AufenthG verlangten, von dieser politischen Betätigung ausgehenden Gefährdung, insbesondere der politischen Willensbildung, des friedlichen Zusammenlebens von Ausländern und Deutschen und der Rechtsordnung, zum Schutz dieser Rechtsgüter geboten. Hinsichtlich der im Mindestmaß als Einschränkung der politischen Betätigung ausgestalteten Maßnahmen des § 47 I AufenthG ist kein gleich geeignetes milderes Mittel ersichtlich. Eine schlichte Beobachtung kann keinen gleichwertigen Schutz der genannten Rechtsgüter darstellen. Folglich ist das in § 47 I AufenthG ausgestaltete Mittel erforderlich.

(c) Zumutbarkeit

Letztlich müsste der § 47 I AufenthG auch verhältnismäßig i.e.S. sein.

Für die Bedeutung der Pressefreiheit gilt das oben zur Meinungsfreiheit Gesagte entsprechend. Auch die Pressefreiheit gehört zu dem die freiheitlich demokratische Grundordnung konstituierenden Prozess der freien Meinungsbildung.[111] Die Beschränkung der politischen Betätigung in diesem Bereich bedeutet ebenso wie bei der Meinungsfreiheit einen schweren Eingriff in dieses Grundrecht.

Dem gegenüber steht der Schutz der bereits genannten Rechtsgüter, insbesondere der politischen Willensbildung, dem friedlichen Zusammenleben von Deutschen und Ausländern und der Rechtsordnung. Dem Schutz dieser Rechtsgüter kommt, auch unter der Voraussetzung einer dem § 47 I AufenthG entsprechenden Gefährdung dieser Rechtsgüter durch die politische Betätigung, erhebliches Gewicht zu. Die Bedeutung dieses Schutzes mag zwar nicht so weit tragen, wie im Falle des § 47 II AufenthG, wo Rechtsgüter von noch größerem Gewicht, insbesondere die freiheitlich-demokratische Grundordnung, gefährdet erscheinen, aber ihr Gewicht ist ausreichend, um die gegenüber dem § 47 II AufenthG milderen Maßnahmen des § 47 I AufenthG nicht außer Verhältnis zur Bedeutung der Pressefreiheit treten zu lassen. Somit sind die Mittel des § 47 I AufenthG auch verhältnismäßig i.e.S. Folglich ist der § 47 I AufenthG verhältnismäßig i.w.S.

Hier kann man sicher auch anderer Auffassung sein. Aber mit der hier dargelegten Argumentation ist die Lösung sehr gut vertretbar!

Darauf kommt es schließlich auch an. Mit guten Argumenten seine Lösung zu vertreten ist wichtiger und „ertragreicher“ als etwa eine herrschende Meinung einfach nur abzuschreiben, ohne jedoch ein einziges Argument dafür zu bringen, warum denn gerade diese Meinung vorzugswürdig ist.

(2) Zwischenergebnis

Weitere Anhaltspunkte für materielle Verfassungswidrigkeit ergeben sich nicht, womit der § 47 I AufenthG materiell verfassungsgemäß ist.

cc) Verfassungsmäßigkeit der Einzelentscheidung

Weiterhin müsste auch die Einzelfallentscheidung verfassungsgemäß sein.

---

[111] Schmidt-Bleibtreu/Klein, *Kannengießer*, Art. 5 Rn.11.

(1) Grundsatz der Verhältnismäßigkeit, Art. 20 GG / Wechselwirkungslehre

Auch die Einzelentscheidung im Verfahren des einstweiligen Rechtsschutzes ist am Verhältnismäßigkeitsgrundsatz zu messen. Hinsichtlich der vom Bundesverfassungsgericht entwickelten Wechselwirkungslehre gilt hier das oben Gesagte.

(a) Legitimer Zweck

Die in Rede stehende Maßnahme dient dem legitimen Ziel des § 47 AufenthG.

(b) Geeignetheit

Um geeignet zu sein, müsste diese Maßnahme dem Zweck des § 47 I AufenthG zumindest förderlich sein. Hier gilt, aufgrund der vom K in der Zeitschrift „Stimme Kurdistans" veröffentlichten, sich sowohl mit Kurdenpolitik der Türkei, als auch der Vorgehensweise der PKK kritisch auseinandersetzenden Beiträge, das oben zum Verbot der politischen Betätigung des K Gesagte entsprechend. Wobei auch gerade die differenziertere Auseinandersetzung des K mit beiden Seiten dieses Konflikts dazu geeignet ist der politischen Willensbildung in der Bundesrepublik Deutschland förderlich zu sein und keine Gefährdung derselben darstellt. Folglich war das Verbot der genannten Zeitschrift nicht nur nicht geeignet dem Ziel des § 47 I AufenthG zu dienen, sondern diesem auch noch abträglich. Somit war dieses nicht geeignet i.S.d. Verhältnismäßigkeitsgrundsatzes.

Folglich ist die vorliegende Einzelentscheidung im Verfahren des vorläufigen Rechtsschutzes nicht verhältnismäßig.

(2) Zwischenergebnis

Somit ist diese auch nicht materiell verfassungsgemäß und der Eingriff in den Schutzbereich der Pressefreiheit ist nicht durch die Schranken des Art. 5 II GG, insb. nicht durch die Schranke der allgemeinen Gesetze, gerechtfertigt. Damit ist K in seinem Grundrecht auf Pressefreiheit aus Art. 5 I S.2 Var.1 GG verletzt.

3. Freie Entfaltung der Persönlichkeit, Art. 2 I GG

Letztlich könnte K in seinem Grundrecht auf freie Entfaltung der Persönlichkeit aus Art. 2 I GG verletzt sein.

a) Eröffnung des Schutzbereiches

Der persönliche Schutzbereich des Art. 2 I GG ist für den K eröffnet.

Der sachliche Schutzbereich des Art. 2 I GG wurde früher nach der Persönlichkeitskerntheorie lediglich als Schutz eines Kernbezirks der Persönlichkeit verstanden.[112] Diese ließ sich weder angesichts des offenen Verfassungstextes noch angesichts der Entstehungsgeschichte überzeugend begründen, der Entwurf des Art. 2 II von Herrenchiemsee lautete hier „Jedermann hat die Freiheit, innerhalb der Schranken der Rechtsordnung und der guten Sitten alles zu tun, was anderen nicht schadet.“.[113] Nach der heute ganz h.M. wird das Grundrecht des Art. 2 I GG weit als eine allgemeine Handlungsfreiheit und ein allgemeines Persönlichkeitsrecht verstanden[114], der Art. 2 I GG gewährt dabei einen umfassenden Schutz der allgemeinen Handlungsfreiheit[115]. Dieser weite Schutzbereich führt dazu, dass Art. 2 I GG als Auffanggrundrecht gegenüber den spezielleren Freiheitsgrundrechten verstanden wird.[116] Art. 2 I GG ist gegenüber den anderen Freiheitsgrundrechten subsidiär.[117] Somit ist bezüglich der vom Schutzbereich der Meinungsfreiheit und der Pressefreiheit umfassten Bereiche für den K der Schutz des Art. 2 I GG nicht eröffnet. Hinsichtlich der Vereinigungsfreiheit ist für den K der Schutzbereich des Art. 9 I GG nicht eröffnet. Der Art. 2 I GG tritt hier nicht subsidiär hinter das speziellere Freiheitsgrundrecht der Vereinigungsfreiheit zurück.

Folglich ist dem K der umfassende Schutz der allgemeinen Handlungsfreiheit aus Art. 2 I GG zu gewähren. Dieser umfasst auch die Vereinigungsfreiheit.[118] Somit ist der Schutzbereich des Art. 2 I GG bezüglich der Vereinigungsfreiheit eröffnet.

b) Eingriff

Weiterhin müsste hier ein Eingriff in den Schutzbereich vorliegen.

Die vorliegende letztinstanzliche Entscheidung stellt wie aufgezeigt nach allen Theorien einen Eingriff in diesem Sinne dar.

Bei der Prüfung, ob ein Eingriff vorliegt, kann man sich hier sehr kurz fassen, da sowohl Definition als auch Subsumtion bereits oben erfolgt sind.

c) Verfassungsmäßige Rechtfertigung des Eingriffs

Letztlich dürfte dieser Eingriff nicht durch die Schranken des Art. 2 I Hs.2 GG gedeckt sein. Der auf § 14 I VereinsG gestützte Grund-

---

[112] Pieroth/Schlink, StaatsR II, Rn.385.

[113] Erichsen in Jura 1987, S. 367 (367, 368).

[114] Pieroth/Schlink, StaatsR II, Rn.385.

[115] BVerfGE 6, 32 (36); 54, 143 (144);70, 1 (25); 75, 108 (154 f.); *Jarass*/Pieroth, Art. 2 Rn.3; Isensee/Kirchhoff, HdbStR VI, *Erichsen*, § 152 Rn.13; Erichsen in Jura 1987, S. 367 (368).

[116] Isensee/Kirchhoff, HdbStR VI, *Erichsen*, § 152 Rn.13; Pieroth/Schlink, StaatsR II, Rn.387.

[117] BVerfGE 6, 32 (37); 67, 157 (171); 83, 182 (194); *Jarass*/Pieroth, Art. 2 Rn.2.

[118] V. Feldmann, Vereinigungsfreiheit und Vereinigungsverbot, 2.Auflage 1972 S.110.

rechtseingriff könnte Ausdruck der Schranke der verfassungsmäßigen Ordnung sein.

Die verfassungsmäßige Ordnung i.S.d. Art. 2 I Hs.2 GG ist die Summe aller Gesetze, welche formell und materiell verfassungsgemäß sind.[119]

aa) Verfassungsmäßigkeit des § 14 I VereinsG

Der § 14 I VereinsG ist formell verfassungsmäßig, es ergeben sich keinerlei Anhaltspunkte für eine formelle Verfassungswidrigkeit.

Weiterhin müsste § 14 I VereinsG materiell verfassungsmäßig sein.

(1) Grundsatz der Verhältnismäßigkeit, Art. 20 III GG

Auch der § 14 I VereinsG ist am Grundsatz der Verhältnismäßigkeit zu messen.

(a) Legitimer Zweck

Erstens müsste der § 14 I VereinsG einem legitimen Zweck dienen. Der Ausländerverein kann über Art. 9 II GG hinaus gem. § 14 I VereinsG verboten werden, wenn er durch politische Betätigungen die Sicherheit, die öffentliche Ordnung oder sonstige erhebliche Belange der Bundesrepublik Deutschland oder eines ihrer Länder gefährdet oder verletzt.[120] Der § 14 I VereinsG dient somit dem Schutz dieser Rechtsgüter. Die Gründe des § 14 I VereinsG entsprechen im Wesentlichen denen des § 47 AufenthG.[121] Dieses stellt ein legitimes Ziel dar.

(b) Geeignetheit

Zweitens muss die Maßnahme des § 14 I VereinsG geeignet sein, dieses Ziel zu erreichen, diesem soweit zumindest förderlich sein. Das Verbot eines Vereins von dem eine entsprechende Gefährdung der genannten Rechtsgüter ausgeht ist für den Schutz dieser zumindest förderlich. Folglich ist die Maßnahme des § 14 I VereinsG geeignet i.S.d. Verhältnismäßigkeitsgrundsatzes.

(c) Erforderlichkeit

Drittens müsste diese Maßnahme erforderlich sein. Unter dem Eindruck, dass für das Vorliegen der Voraussetzungen des § 14 I VereinsG die Gefährdung der genannten Rechtsgüter vom Verein selber, seiner Zielrichtung und Organisation, ausgehen muss[122], können Maßnahmen gegen einzelne Mitglieder nicht als gleich geeignet zum

---

[119] BVerfGE 6, 32 (37 ff.); 63, 88 (108 f.); 80, 137 (153); Schmidt-Bleibtreu/Klein, Art. 2 Rn.8.; Pieroth/Schlink, StaatsR II, Rn.408.

[120] Reichert, Handbuch des Vereins- und Verbandsrechts, 9.Auflage 2003 Rn.3120; v. Feldmann, Vereinigungsfreiheit und Vereinigungsverbot, S.111.

[121] Reichert, Handbuch des Vereins- und Verbandsrechts, Rn.3120.

[122] Reichert, Handbuch des Vereins- und Verbandsrechts, Rn.3120.

Schutze der genannten Rechtsgüter angesehen werden. Auch eine Beobachtung des Vereins mag keinen gleichwertigen Schutz gewährleisten. Folglich ist kein gleich geeignetes, milderes Mittel ersichtlich und die Maßnahme des § 14 I VereinsG ist erforderlich.

(d) Zumutbarkeit

Viertens müsste diese auch zumutbar, d.h. verhältnismäßig i.e.S., sein. Der Art. 2 I GG gewährt das Grundrecht auf freie Entfaltung der Persönlichkeit und in diesem Zusammenhang eine umfassende allgemeine Handlungsfreiheit. Dem Art. 2 I GG kommt hier als Auffanggrundrecht ein weit geringeres Gewicht zu als dem spezielleren Freiheitsgrundrecht der Vereinigungsfreiheit. Auch der Eingriff in den Schutzbereich des Art. 2 I GG durch das Vereinsverbot ist angesichts des weiten, umfassenden Schutzbereiches des Art. 2 I GG nicht als schwerwiegend anzusehen.

Folglich steht der Eingriff in den Schutzbereich des Grundrechts auf freie Entfaltung der Persönlichkeit nicht außer Verhältnis zur Bedeutung und Tragweite dieses Grundrechts und das Vereinsverbot nach § 14 I VereinsG ist somit zumutbar und verhältnismäßig i.w.S.

(2) Zwischenergebnis

Somit ist der § 14 I VereinsG, da sich weitere Hinweise für eine materielle Verfassungswidrigkeit nicht ergeben, materiell verfassungsgemäß, insb. ist das Merkmal der sonstigen erheblichen Belange des Bundesrepublik Deutschland nicht derart unbestimmt, als dass hier ein Verstoß gegen das Bestimmtheitsgebot des Rechtsstaatsprinzips[123] ersichtlich wäre.

bb) Verfassungsmäßigkeit der Einzelentscheidung

Weiterhin müsste auch die Einzelfallentscheidung verfassungsgemäß sein.

(1) Grundsatz der Verhältnismäßigkeit, Art. 20 GG

Ebenso wie der § 14 I VereinsG ist auch die vorliegende Einzelfallentscheidung im Verfahren des einstweiligen Rechtsschutzes am Maßstab des Verhältnismäßigkeitsgrundsatzes zu messen.[124]

(a) Legitimer Zweck

Die gerichtliche Bestätigung des Vereinsverbotes verfolgt offensichtlich den legitimen Zweck des § 14 I VereinsG.

---

[123] Stein, Staatsrecht, S.159.

[124] Reichert, Handbuch des Vereins- und Verbandrechts, Rn.3120.

Hierbei kann man sich wiederum gut die „Justitia" mit ihren Waagschalen vorstellen, die man auf der einen Seite mit dem Eingriff und auf der anderen Seite mit dem Zweck belegt.

Allerdings fällt hier wieder auf, dass die Abwägung sehr umfangreich und kompliziert ist. Man könnte besser mit einigen wenigen Sätzen überzeugen!

(b) Geeignetheit

Weiterhin müsste diese Entscheidung geeignet, dem Zweck des § 14 I VereinsG zumindest förderlich sein. Fraglich ist, ob die gerichtliche Bestätigung des Verbotes des Vereins „Für ein freies Kurdistan" dem Schutz der Rechtsgüter der Sicherheit, der öffentliche Ordnung oder sonstiger erheblicher Belange der Bundesrepublik Deutschland dient. Hierfür müsste von dem genannten Verein zumindest eine Gefährdung dieser Rechtsgüter ausgehen. Hierbei ist als Beurteilungsmaßstab nicht die Vereinstätigkeit im Einzelfall, sondern vielmehr die Organisation und Zielrichtung des Vereins heranzuziehen.[125] Der Verein „Für ein freies Kurdistan" veranstaltet größere politische Versammlungen, organisiert gelegentlich anti-türkische Demonstrationen und gibt die Zeitschrift „Stimme Kurdistans" heraus. Dieser Verein engagiert sich schon dem Namen nach für ein unabhängiges Kurdistan, wobei aber auch über die Veröffentlichungen des K in der vom Verein herausgegebenen Zeitschrift „Stimme Kurdistans" eine deutliche Abgrenzung zu radikalen Tendenzen erfolgt. Von dieser Zielrichtung des Vereins geht soweit keine Gefährdung der Sicherheit oder öffentlichen Ordnung der Bundesrepublik Deutschland oder eines ihrer Länder aus. Auch eine mögliche Beeinträchtigung der außenpolitischen Interessen, als sonstige erhebliche Belange i.S.d. § 14 I VereinsG, kann nicht gesehen werden, insb. kommt der vergleichsweise kleinen und offensichtlich nicht radikal auftretenden Vereinigung hierfür zuwenig Gewicht zu. Auch den veranstalteten politischen Versammlungen und gelegentlichen antitürkischen Demonstrationen kann hier kein ausreichender Einfluss auf die außenpolitischen Beziehungen zu der Türkei zugebilligt werden, insb. auch aufgrund der offensichtlich unradikalen und somit weniger Aufsehen erregenden Auftrittsweise des Vereins. Folglich geht vom Verein „Für ein freies Kurdistan" keine Gefährdung der genannten Rechtsgüter aus. Die gerichtliche Bestätigung des Vereinsverbotes ist somit zum Schutz dieser Rechtsgüter ungeeignet.

Somit ist diese Entscheidung nicht verhältnismäßig i.S.d. Rechtsstaatsprinzips.

(2) Zwischenergebnis

Folglich ist diese nicht materiell verfassungsgemäß und der Eingriff in den Schutzbereich des Grundrechts des Art. 2 I GG ist nicht gerechtfertigt. Damit ist K in seinem Grundrecht auf freie Entfaltung der Persönlichkeit verletzt.

4. Zwischenergebnis

Damit ist die Verfassungsbeschwerde des K begründet.

---

[125] Reichert, Handbuch des Vereins- und Verbandsrechts, Rn.3120.

IV.Ergebnis

Folglich hat die Verfassungsbeschwerde des K Aussicht auf Erfolg.

Achtung!!!

Dieser Satz „hat also Aussicht auf Erfolg" stößt bei vielen Prüfern auf Kritik! Sie hat nicht nur Aussicht auf Erfolg, sondern sie hat Erfolg! Also besser:

„Die Verfassungsbeschwerde des K ist erfolgreich / wird erfolgreich sein."

B. Verfassungsbeschwerde des D

Die Verfassungsbeschwerde des D ist begründet, wenn D durch die letztinstanzliche Entscheidung des von ihm beschrittenen Rechtsweges in seinen Grundrechten oder grundrechtsgleichen Rechten verletzt wird.

I. Vereinigungsfreiheit, Art. 9 I GG

D könnte hier in seinem Grundrecht auf Vereinigungsfreiheit verletzt sein.

1. Eröffnung des Schutzbereiches

Der persönliche Schutzbereich des Art. 9 I GG ist für den D, als Deutschen i.S.d. Grundgesetzes gem. Art. 116 I Var.1 GG, eröffnet.

Art. 9 I GG gewährt die Freiheit, Vereinigungen zu gründen, ihnen beizutreten oder fernzubleiben.[126] Vereinigungen, Vereine und Gesellschaften, i.S.d. Art. 9 I GG sind dabei alle Zusammenschlüsse zu denen sich eine Mehrheit von Personen oder Personenvereinigungen freiwillig, zu einem gemeinsamen Zweck, für eine längere Zeit zusammenschließt und sich einer organisatorischen Willensbildung unterwirft.[127] Der Zweck des Zusammenschlusses kann dabei frei bestimmt werden.[128] Ebenso ist die Rechtsform der Vereinigung ist ohne Belang für die Schutzbereichseröffnung.[129]

Weiterhin ist über die individuelle Vereinigungsfreiheit hinaus durch den Art. 9 I GG auch ein kollektives Freiheitsrecht gewährt, welches der Vereinigung selbst zukommt, ihr Entstehen und Bestehen schützt.[130] Hierbei hängt die Grundrechtsträgerschaft des Vereins nicht von deren Rechtsfähigkeit ab.[131]

Auch hinsichtlich der kollektiv ausgeübten Vereinigungsfreiheit kommt die in der Schutzbereichseröffnung angesiedelte Beschränkung des Art. 9 I GG auf Deutsche zum tragen, die Vereinigung muss soweit von Deutschen beherrscht sein[132].

---

[126] Schmidt-Bleibtreu/Klein, Art. 9 Rn.4.,6.,7.; Sachs, *Höfling*, Art. 9 Rn.16.

[127] Sachs, Höfling, Art. 9 Rn.8; *Blank*/Fangmann/Hammer, 2.Auflage 1996, Art. 9 Rn.3; *Jarass*/Pieroth, Art. 9 Rn.3; Pieroth/Schlink, StaatsR II, Rn.784 f..

[128] Sachs, *Höfling*, Art. 9 Rn.14; Pieroth/Schlink, StaatsR II, Rn.785.

[129] Pieroth/Schlink, StaatsR II, Rn.783.

[130] BVerfGE 13, 174 (175); 80, 244 (253); *Blank*/Fangmann/Hammer, Art. 9 Rn.5; Pieroth/Schlink, StaatsR II, Rn.793.

[131] Isensee/Kirchhoff, HdbStR VI, *Merten*, § 144 Rn.31.

[132] *Jarass*/Pieroth, Art. 9 Rn.11.

Dem sog. Mischverein steht das Grundrecht der Vereinigungsfreiheit nur zu, wenn den ausländischen Mitgliedern kein beherrschender Einfluss zukommt.[133] Haben die ausländischen Mitglieder den gewichtigeren Einfluss aufgrund der Zusammensetzung der Leistungsorgane oder der Mitgliederzahl, so ist für diesen sog. Ausländerverein der Schutzbereich des Art. 9 I GG nicht eröffnet.[134] Es bleibt soweit beim Schutzbereich des Art. 2 I GG.[135]

Für das deutsche Mitglied eines Ausländervereins bedeutet dieses, dass die individuelle Grundrechtsausübung unter dem Schutz des Art. 9 I GG steht, wogegen der Abwehranspruch gegen die staatliche Vereinigungsauflösung nicht weiter gehen kann, als der Abwehranspruch der Vereinigung selbst und soweit nur unter dem Eingriffsvorbehalt der Garantie gesetzmäßiger Eingriffe steht.[136]

Folglich ist hinsichtlich des Bestandsschutzes des Vereins „Für ein freies Kurdistan" aufgrund des Verhältnisses von fünf ausländischen gegenüber zwei deutschen Mitgliedern der Schutzbereich des Art. 9 I GG für den D nicht eröffnet.

2. Zwischenergebnis

Somit ist D nicht in seiner Vereinigungsfreiheit aus Art. 9 I GG verletzt.

II. Freie Entfaltung der Persönlichkeit, Art. 2 I GG

D könnte allerdings in seinem Grundrecht auf freie Entfaltung der Persönlichkeit aus Art. 2 I GG verletzt sein.

1. Eröffnung des Schutzbereiches

Der persönliche Schutzbereich des Art. 2 I GG als sog. Jedermanngrundrecht ist hier für den D eröffnet.

Der Schutzbereich des Art. 2 I GG gewährt einen umfassenden Schutz der allgemeinen Handlungsfreiheit. Der Art. 2 I GG ist demzufolge gegenüber den anderen Freiheitsgrundrechten und somit gegenüber dem Art. 9 I GG subsidiär.

Allerdings ist der Schutzbereich der Vereinigungsfreiheit bezüglich des Bestandschutzes des Ausländervereins auch für den D, als deutsches Mitglied, nicht eröffnet. Der Schutz des Art. 2 I GG tritt hier

---

133 V. Münch/Kunig, *Löwer*, Art. 9 Rn.7; vergl. Isensee/Kirchhoff, HdbStR VI, *Merten*, § 144 Rn.30.

134 V. Münch/Kunig, *Löwer*, Art. 9 Rn.7.

135 Isensee/Kirchhoff, HdbStR VI, *Merten*, § 144 Rn.30.

136 V. Münch/Kunig, *Löwer*, Art. 9 Rn.8.

soweit aufgrund des eingeschränkten Schutzbereiches des Art. 9 I GG nicht subsidiär hinter denselben zurück. Der sachliche Schutzbereich des Art. 2 I GG ist folglich für den D hinsichtlich des Bestandschutzes des Vereins „Für ein freies Kurdistan" im Rahmen der Ausgestaltung des Art. 2 I GG als Grundrecht auf allgemeine Handlungsfreiheit und in diesem Bezug auch als grundrechtlicher Schutz der Vereinsbetätigung des D eröffnet.

2. Eingriff

Weiterhin müsste ein Eingriff in diesen Schutzbereich vorliegen. Hier gilt das bereits zum Vorliegen des Eingriffs im Rahmen der Verfassungsbeschwerde des K Gesagte für die hier vorliegende Entscheidung entsprechend.

3. Verfassungsrechtliche Rechtfertigung des Eingriffs

Letztlich dürfte dieser Eingriff nicht verfassungsrechtlich gerechtfertigt sein. Hier gilt soweit das bezüglich der verfassungsrechtlichen Rechtfertigung des Vereinsverbotes im Rahmen der Verfassungsbeschwerde des K Gesagte entsprechend.

III. Ergebnis

Folglich ist die Verfassungsbeschwerde des D begründet.

C. Abwandlung: Verfassungsbeschwerde des K und D

Die Verfassungsbeschwerde des K und D ist begründet, wenn diese durch die letztinstanzliche Entscheidung des von ihnen beschrittenen Rechtsweges in ihren Grundrechten oder grundrechtsgleichen Rechten verletzt werden.

I. Versammlungsfreiheit, Art. 8 I GG

K und D könnten hier in ihrer Versammlungsfreiheit aus Art. 8 I GG verletzt sein.

1. Eröffnung des Schutzbereiches

Die Versammlungsfreiheit ist ein, dem Wortlaut des Art. 8 I GG nach, lediglich den Deutschen zustehendes Grundrecht.[137] Ausländer und Staatenlose sind nicht Träger des Grundrechts auf Versammlungsfreiheit.[138]

Folglich ist der persönliche Schutzbereich des Art. 8 I GG für den D eröffnet.

K ist kein Deutscher und somit nicht Träger des Grundrechts der Vereinigungsfreiheit, allerdings ist er in seiner Betätigung hier, ebenso wie bei der Vereinigungsfreiheit, grundrechtlich über Art. 2 I GG geschützt[139].

Der Art. 8 I GG gewährt das Recht sich ohne Erlaubnis oder Anmeldung friedlich und ohne Waffen zu versammeln. Der Versammlungsbegriff verlangt neben dem Zusammenkommen mehrerer Personen eine innere Verbindung durch gemeinsame Zweckverfolgung.[140] Strittig ist die Mindestteilnehmerzahl. Nach einer Ansicht sind drei Personen erforderlich[141], nach a.A. genügen zwei Teilnehmer[142]. Eine Entscheidung ist aufgrund der Teilnehmerzahl von 400 Personen nicht relevant.

Die Versammlung muss nicht ortsfest sein, Art. 8 I GG schützt auch den Demonstrationszug.[143]

Strittig ist, ob Zweck der Versammlung die gemeinsame Meinungsbildung und Äußerung sein muss.[144] Nach einer Ansicht ist es für das

---

137 V. Münch/*Kunig*, Art. 8 Rn.6; Schmidt-Bleibtreu/Klein, Art. 8 Rn.2; Blank/*Fangmann*/Hammer, Art. 8 Rn.2.

138 V. Münch/*Kunig*, Art. 8 Rn.7; Schmidt-Bleibtreu/Klein, Art. 8 Rn.2; Blank/*Fangmann*/Hammer, Art. 8 Rn.2.

139 V. Münch/*Kunig*, Art. 8 Rn.7, 8; *Jarass*/Pieroth, Art. 8 Rn.11.

140 Pieroth/Schlink, StaatsR II, Rn.749; vergl. Sachs, Höfling, Art. 8 Rn.14.

141 Schmidt-Bleibtreu/Klein, Art. 8 Rn.3..

142 Sachs, *Höfling*, Art. 8 Rn.9; *Jarass*/Pieroth, Art. 8 Rn.4; Isensee/Kirchhoff, HdbStR VI, *Kloepfer*, § 143 Rn.14.

143 Sachs, *Höfling*, Art. 8 Rn.18; *Jarass*/Pieroth, Art. 8 Rn.4.

Vorliegen einer Versammlung erforderlich, dass die Bildung oder Äußerung von Meinungen verfolgt wird und dieser gemeinsame Zweck die Anwesenden verbindet.[145] Nicht verlangt wird eine Gemeinsamkeit der Anschauung.[146] Nach a.A. genügt die Erörterung irgendwelcher Angelegenheiten.[147] Geschützt sind demnach auch private Veranstaltungen.[148] Eine Entscheidung zwischen diesen Meinungen ist, aufgrund des Charakters der fraglichen Versammlung als politische Demonstration gegen die Kurdenpolitik der Türkei, nicht relevant. Diese politische Einstellung stellt auch die innere Verbindung für den Charakter einer Versammlung i.S.d. Art. 8 I GG her. Die Versammlung ist allerdings nur dann geschützt, wenn sie friedlich und ohne Waffen erfolgt.[149] Dieses ist hier der Fall. Geschützt wird durch Art. 8 I GG auch die Spontanversammlung aufgrund eines aktuellen Ereignisses[150], sowohl die veranstaltete Eil-, als auch die veranstalterlose Spontanversammlung[151]. Art. 8 I GG schützt insb. die Teilnahme an der Versammlung[152]. Es unterliegt soweit der gesamte Vorgang des Sich-Versammelns dem Schutz der Versammlungsfreiheit[153]. Folglich ist hier der sachliche Schutzbereich des Art. 8 I GG eröffnet.

2. Eingriff

Weiterhin müsste hier ein Eingriff in diesen Schutzbereich vorliegen.

Die letztinstanzliche Gerichtsentscheidung über die Rechtmäßigkeit der Auflösung der Demonstration nach §§ 15 II i.V.m. 14 I VersG stellt –wie gezeigt– einen Eingriff dar.

3. Verfassungsmäßige Rechtfertigung des Eingriffs

Letztlich dürfte dieser Eingriff nicht verfassungsrechtlich gerechtfertigt, nicht Ausdruck der Schranke des Art. 8 II GG sein. Der auf §§ 15 II i.V.m. 14 I VersG gestützte Grundrechtseingriff könnte allerdings Ausdruck dieses einfachen Gesetzesvorbehaltes sein.

---

[144] Pieroth/Schlink, StaatsR II, Rn.750.

[145] BVerwG NJW 1989, S.2411 (2412); v. Münch/*Kunig*, Art. 8 Rn.14; Isensee/Kirchhoff, HdbStR VI, *Kloepfer*, § 143 Rn.17.

[146] V. Münch/*Kunig*, Art. 8 Rn.14.

[147] Pieroth/Schlink, StaatsR II, Rn.750.

[148] Sachs, *Höfling*, Art. 8 Rn.16; Isensee/Kirchhoff, HdbStR VI, *Kloefer*, § 143 Rn.17.

[149] BVerfGE 69, 315 (360); Schmidt-Bleibtreu/Klein, Art. 8 Rn.4; Sachs, *Höfling*, Art.8 Rn.26; *Jarass*/Pieroth, Art.8 Rn.7; Pieroth/Schlink, StaatsR II, Rn.756.

[150] V. Münch/*Kunig*, Art. 8 Rn.15; *Jarass*/Pieroth, Art. 8 Rn.4.

[151] Sachs, *Höfling*, Art. 8 Rn.19; Isensee/Kirchhoff, HdbStR VI, *Kloepfer*, § 143 Rn.28, 29; Geis in NVwZ 1992, S.1025 (1028).

[152] Pieroth/Schlink, StaatsR II, Rn.766.

[153] Schmidt-Bleibtreu/Klein, Art. 8 Rn.4a..

a) Versammlungen unter freiem Himmel

Die Grundrechtsschranke des Art. 8 II GG ist nur auf Versammlungen unter freiem Himmel anzuwenden.[154] Versammlungen sind unter freiem Himmel i.S.d. Art. 8 II GG, wenn sie nicht in einem geschlossenen Raum stattfinden.[155] Hierbei kommt es weniger auf die Überdachung, als auf die Begrenzung zu den Seiten an.[156]

Die Versammlung vor dem Generalkonsulat ist eindeutig unter freiem Himmel i.S.d. Art. 8 II GG. Folglich ist der Gesetzesvorbehalt des Art. 8 II GG anzuwenden.

b) Verfassungsmäßigkeit der §§ 15 II, 14 I VersG

Es ergeben sich keinerlei Hinweise auf eine formelle Verfassungswidrigkeit, folglich sind die §§ 15 II, 14 I VersG formell verfassungsgemäß. Des Weiteren müssten die §§ 15 II, 14 I VersG materiell verfassungsmäßig sein.

aa) Grundsatz der Verhältnismäßigkeit, Art. 20 III GG

Diese sind insb. am Grundsatz der Verhältnismäßigkeit zu messen.

(1) Legitimer Zweck

Erstens müsste ein legitimer Zweck mit diesen Vorschriften verfolgt werden. Ziel des § 14 I VersG ist es primär Versammlungen zu ermöglichen.[157] Die Anmeldepflicht des § 14 I VersG soll den Schutz der Versammlung sicherstellen[158] und Dritt- und Sicherheitsinteressen dienen[159]. Hier können die Behörden bei rechtzeitiger Anmeldung entsprechend Vorsorge treffen.[160] Die Anmeldung soll aber auch ermöglichen, dass der Veranstalter und die Behörden zu der vom Bundesverfassungsgericht geforderten „vertrauensvollen Kooperation“[161] finden.[162] Die Versammlungsauflösung nach § 15 II VersG dient somit der Abwehr einer durch die Nichtbeachtung des § 14 I VersG gegebenen Gefährdung. Folglich wird mit den §§ 15 II, 14 I VersG ein legitimer Zweck verfolgt.

---

[154] V. Münch/*Kunig*, Art. 8 Rn.30; Sachs, *Höfling*, Art. 8 Rn.55; *Jarass*/Pieroth, Art. 8 Rn.18.

[155] V. Münch/*Kunig*, Art. 8 Rn.29.

[156] V. Münch/*Kunig*, Art. 8 Rn.29; Sachs, *Höfling*, Art. 8 Rn.55; *Jarass*/Pieroth, Art. 8 Rn.17; Pieroth/Schlink, StaatsR II, Rn.764.

[157] Dietel/Ginzel/Kniesel, Versammlungsgesetz, 15.Auflage 2008, § 14 Rn.6.

[158] BVerfGE 69, 315 (350 ff.); Dietel/Ginzel/Kniesel, § 14 Rn.6.

[159] Dietel/Ginzel/Kniesel, § 14 Rn.6.

[160] BVerfGE 69, 315 (350).

[161] BVerfGE 69, 315 (355).

[162] Dietel/Ginzel/Kniesel, § 14 Rn.7;

(2) Geeignetheit

Zweitens müssten die Maßnahmen der §§ 15 II, 14 I VersG geeignet, d.h. dem angestrebten Zweck förderlich, sein. Die rechtzeitige Anmeldung einer Versammlung unter freiem Himmel ermöglicht den Behörden Sicherungsmaßnahmen, sowohl für die Versammlung selber als auch für Dritte, zu ergreifen und so das Gefahrenpotential einer solchen Versammlung gering zu halten. Diese ist somit den genannten Sicherheitsinteressen förderlich. Aber auch die Auflösung einer nicht entsprechend angemeldeten Versammlung ist geeignet diesen Sicherheitsinteressen zu dienen, wenn eine hierdurch erhöhte Gefährdung abgebaut wird.

Folglich sind die Maßnahmen der §§ 15 II, 14 I VersG geeignet.

(3) Erforderlichkeit

Drittens müssten diese auch erforderlich sein. Als gegenüber der Auflösung der nicht gem. § 14 I VersG angemeldeten Versammlung unter freiem Himmel milderes Mittel könnte hier das Vorgehen gegen einzelne, eine entsprechende Gefährdung darstellende Versammlungsteilnehmer, in Betracht kommen, aber auch die nachträgliche Ergreifung von entsprechenden Sicherheitsmaßnahmen wäre denkbar. Fraglich ist, ob diese Mittel als gegenüber der Versammlungsauflösung gleich geeignet anzusehen sind. Zunächst ist einmal festzuhalten, dass die räumliche Offenheit einer solchen Versammlung diese besonders störanfällig und gefährlich macht.[163] Versammlungen in geschlossenen Räumen bergen in ihrer Durchführung ein geringeres Gefahrenpotential.[164] Der Schutz der öffentlichen Sicherheit und Ordnung, aber auch der Schutz der Versammlung selber erfordert eine rechtzeitige Benachrichtigung der Ordnungsbehörden.[165] Das Vorgehen gegen einzelne Versammlungsmitglieder kann gegenüber der Prävention einer ordnungsbehördlichen Vorsorge nicht als gleich geeignet angesehen werden, insb. ist, wenn die jeweiligen Personen den Behörden durch Störungen auffallen, regelmäßig bereits eine Gefährdung der öffentlichen Sicherheit gegeben. Aber auch die nachträgliche Ergreifung von Sicherheitsmaßnahmen ist gegenüber einer entsprechenden Vorsorge nicht gleich geeignet. Mit dem Wissen um das Demonstrationsvorhaben wird der Polizei die Möglichkeit gegeben sich auf die zu erwartende Situation einzustellen.[166] Werden die Sicherheitsmaßnahmen erst später ergriffen, so entsteht eine zeitliche Sicherheitslücke. Das An-

---

[163] Pieroth/Schlink, StaatsR II, Rn.764; vergl. v. Münch/*Kunig*, Art. 8 Rn.29.

[164] BVerfGE 69, 315 (348)

[165] Pieroth/Schlink, StaatsR II, Rn.775.

[166] Hollerbaum, Demonstrationsfreiheit, Köln,Univ.,Diss., 1981 S.83.

meldeerfordernis trägt somit dem öffentlichen Interesse am Schutz der Sicherheit und Ordnung Rechnung.[167]

Folglich sind die Maßnahmen der §§ 15 II, 14 I VersG erforderlich.

(4) Zumutbarkeit

Viertens müssten die Maßnahmen der §§ 15 II, 14 I VersG auch zumutbar, d.h. verhältnismäßig i.e.S. sein. Das Grundrecht der Versammlungsfreiheit gewährt eine elementare Voraussetzung für die Persönlichkeitsentfaltung des Menschen.[168] Bedeutsam ist sie aber auch als Element im politischen Prozess.[169] Die Auflösung einer nicht gem. § 14 I VersG angemeldeten Versammlung und damit die Hinderung der Betroffenen an ihrer Grundrechtsausübung bedeutet einen schweren Eingriff in dieses Grundrecht. Diesem gegenüber steht hier das Schutzbedürfnis der bereits genannten Rechtsgüter, insb. der öffentlichen Sicherheit und Ordnung.

Fraglich ist, inwieweit das Anmeldeerfordernis des § 14 I VersG nicht außer Verhältnis zu Tragweite und Bedeutung der Versammlungsfreiheit steht.

Die Anmeldefreiheit ist ein zentrales Element des Art. 8 I GG, der § 14 I VersG kehrt nach a.M. soweit das Verhältnis von Regel und Ausnahme um[170] und ist somit verfassungswidrig[171].

Nach anderer, heute nicht mehr vertretener Meinung war aus der Regelung des § 14 I VersG auf die Unzulässigkeit der Spontanversammlung zu schließen.[172]

Die h.M. folgt hier einer verfassungskonformen Restriktion des § 14 I VersG[173], und hat soweit die Verfassungsmäßigkeit des § 14 I VersG bestätigt[174]. Die Beschränkungen auf der Grundlage des Art. 8 II GG dürfen die Gewährleistungen des Art. 8 I GG für bestimmte Typen von Veranstaltungen nicht gänzlich außer Geltung setzen.[175] § 14 I VersG ist demnach verfassungskonform dahin auszulegen, dass die Anmeldepflicht entfällt oder die Anmeldefrist entsprechend zu kürzen ist.[176] Hiernach sind Spontanversammlungen gänzlich von der Anmelde-

[167] BVerwGE 26, 135 (137); Hollerbaum, Demonstrationsfreiheit, S.84.

[168] Dreier, *Schulze-Fielitz*, Grundgesetz Kommentar, 2. Auflage 2004 Art. 8 Rn.8; vergl. Sachs, *Höfling*, Art. 8 Rn.8.

[169] Dreier, *Schulze-Fielitz*, Art. 8 Rn.8; vergl. Sachs, *Höfling*, Art. 8 Rn.9.

[170] Geis in NVwZ 1992, S.1025 (1028).

[171] Sachs, *Höfling*, Art. 8 Rn.58.

[172] Geis in NVwZ1992, S.1025 (1029).

[173] BVerfGE 85, 69 (75); Sachs, *Höfling*, Art. 8 Rn.20.

[174] Ipsen, StaatsR II, Rn.572; vergl. BVerfGE 69, 315 (350 f.); 85, 69 (75).

[175] BVerfGE 69, 315 (351); Sachs, *Höfling*, Art. 8 Rn.58.

[176] Pieroth/Schlink, StaatsR II, Rn.775.

pflicht und Eilversammlungen von der 48-Std.-Frist des § 14 I VersG befreit.[177] Eilversammlungen sind demzufolge anzumelden, sobald die Möglichkeit dazu besteht.[178]

Für die a.M. spricht soweit, dass die generelle Geltung des Anmeldeerfordernisses keine Beschränkung, sondern eine Abschaffung der Anmeldefreiheit darstellt.[179] Gegen die h.M. wird einerseits angeführt, dass der Wortlaut des § 14 I VersG eine solche Auslegung nicht zulässt[180], aber auch der § 14 I VersG sei generell nicht auf Eilversammlungen anwendbar[181]. Allerdings verlangt hier der Gesetzeszweck an der Anmeldepflicht weitestgehend festzuhalten.[182]

Auch im Hinblick auf die Eilversammlung sind die genannten Sicherheitsinteressen im größtmöglichen Umfang bei gleichzeitiger Gewährung der Versammlungsfreiheit zu wahren. Die h.M. stellt hier soweit eine Mittelmeinung dar, die sowohl den Interessen an der Durchführung der Versammlung als auch den nötigen Sicherheitsinteressen gerecht wird. Die verfassungskonforme Nichtanwendung des § 14 I VersG nimmt soweit nur einen bestimmten Versammlungstyp aus der Anwendung des § 14 I VersG heraus und lässt ihn sonst, methodisch korrekt, weiter bestehen.[183] Der Versammlungsfreiheit wäre durch eine Nichtanwendung des VersG auch wenig gedient, da dann auch die Vorschriften des allgemeinen Polizeirechts zurückgegriffen werden müsste.[184]

Es ist der h.M. zu folgen, sie stellt soweit den notwendigen Interessenausgleich her. Folglich sind die §§ 15 II, 14 I VersG verhältnismäßig i.e. und i.w.S..

bb) Zwischenergebnis

Da sich weitere Anhaltspunkte für eine materielle Verfassungswidrigkeit nicht ergeben sind die §§ 15 II, 14 I VersG materiell verfassungsgemäß.

c) Verfassungsmäßigkeit der Einzelentscheidung

Des Weiteren müsste das letztinstanzliche Urteil verfassungsgemäß sein.

---

[177] BVerfGE 85, 69 (75); Sachs, *Höfling*, Art. 8 Rn.58; Dietel/Ginzel/Knisel, § 14 Rn.21, 22; Ipsen, StaatsR II, Rn.572.

[178] Geis in NVwZ 1992, S.1025 (1025).

[179] Ridder/Breitbach/*Rühl*/Steinmeier, § 14 VersG Rn.5.

[180] Ipsen, StaatsR II, Rn.572.

[181] Geis in NVwZ 1992, S.1025 (1028).

[182] Zeitler, Versammlungsrecht, Rn.94.

[183] Geis in NVwZ 1992, S.1025 (1029).

[184] Geis in NVwZ 1992, S.1025 (1029).

aa) Grundsatz der Verhältnismäßigkeit / Wechselwirkungslehre

Die Grundrechtsbeschränkung ist hier insb. dann verfassungsgemäß, wenn das Gericht bei der Anwendung §§ 15 II, 14 I VersG den Grundsatz der Verhältnismäßigkeit beachtet hat. Auch im Rahmen des Art. 8 II GG gilt die zu Art. 5 GG entwickelte sog. Wechselwirkungslehre.[185] Soweit ist bei der Auslegung des beschränkenden Gesetzes die besondere Bedeutung des Art. 8 I GG zu beachten.[186]

(1) Legitimer Zweck

Die gerichtliche Bestätigung der Versammlungsauflösung verfolgt hier offensichtlich den o.g. legitimen Zweck der §§ 15 II, 14 I VersG.

(2) Geeignetheit

Weiterhin müsste diese auch geeignet, d.h. dem angestrebten Ziel förderlich sein. Das Ziel des § 15 II VersG ist es hier den aufgeworfenen Sicherheitsinteressen zu dienen. Die lediglich verspätete oder unterbliebene Anmeldung der Versammlung scheidet schon dem Wortlaut des § 15 II VersG nach als alleiniger Auflösungsgrund aus.[187] Hier muss für das Vorliegen eines Auflösungsgrundes neben die nicht nach § 14 I VersG erfolgte Anmeldung die Voraussetzungen des § 15 I VersG, d.h. eine Gefährdung der öffentlichen Sicherheit und Ordnung, treten.[188] Zwar ist auch die Eilversammlung grds. anzumelden[189], aber ist die Situation der Polizei nicht verschieden von einer rechtzeitigen Anmeldung, so ist die verspätete wie die rechtzeitig angemeldete Versammlung zu behandeln[190].

Hier wurde die Versammlung vom K und D, aufgrund des kurzfristig ihnen am 1.12.2000 bekannt gewordenen Gesprächstermins des türkischen Ministerpräsidenten für den 2.12.2000 in Deutschland, noch am gleichen Tag für den darauf folgenden Tag angemeldet. Die Anmeldung dieser Eilversammlung erfolgte somit nicht innerhalb der Frist des § 14 I VersG, allerdings stand den Ordnungsbehörden nach der Anmeldung noch ein Tag zur Ergreifung von Sicherheitsmaßnahmen zur Verfügung, dieser Zeitraum war geeignet um ausreichend Vorsorge von Seiten der Behörde zu treffen, insb. da die abgehaltene Versamm-

---

[185] Sachs, *Höfling*, Art. 8 Rn.54.

[186] BVerfGE 69, 315 (349); v. Münch/*Kunig*, Art. 8 Rn.30.

[187] Dietel/Ginzel/Kniesel, § 15 Rn.121.

[188] Ridder/Breitbach/Rühl/Steinmeier, *Breitbach/Deiseroth/Rühl*, § 15 VersG Rn.274; Dietel/Ginzel/Kniesel, § 15 Rn.122; Meyer, Demonstrations- und Versammlungsrecht, S.43.

[189] Meyer, Demonstrations- und Versammlungsrecht, S.38; vergl. Ridder/Breitbach/*Rühl*/Stein-meier, § 14 VersG Rn.5.

[190] Ridder/Breitbach/Rühl/Steinmeier, *Breitbach/Deiseroth/Rühl*, § 15 VersG Rn.278.

lung einen friedlichen Verlauf genommen hat. Folglich war durch die verspätet angemeldete Eilversammlung keine größere Gefährdung der öffentlichen Sicherheit und Ordnung gegeben, als bei rechtzeitiger Anmeldung. Die Auflösung der Versammlung aufgrund der nicht rechtzeitigen Anmeldung war somit nicht geeignet, eine durch die nicht fristgemäße Anmeldung gegebene zusätzliche Gefährdung der öffentlichen Sicherheit und Ordnung abzuwehren. Folglich war auch die gerichtliche Bestätigung dieser Versammlungsauflösung nicht geeignet den Zweck der §§ 15 II, 14 I VersG förderlich zu sein, und war somit nicht verhältnismäßig und nicht verfassungsgemäß.

bb) Zwischenergebnis

Somit ist dieser Eingriff in den Schutzbereich des Art. 8 I GG nicht Ausdruck der Schranke des Art. 8 II GG und somit nicht verfassungsmäßig gerechtfertigt, womit D in seiner Versammlungsfreiheit aus Art. 8 I GG verletzt ist.

II. Freie Entfaltung der Persönlichkeit, Art. 2 I GG

K und D könnten letztlich in ihrem Grundrecht auf freie Entfaltung der Persönlichkeit aus Art. 2 I GG verletzt sein.

1. Eröffnung des Schutzbereiches

Die Eröffnung des persönlichen Schutzbereiches des Grundrechtes auf freie Entfaltung der Persönlichkeit aus Art. 2 I als sog. Jedermanngrundrecht ist unabhängig von der Staatsbürgerschaft für jede natürliche Person eröffnet. Der Art. 2 I GG ist gegenüber den anderen Freiheitsgrundrechten und somit auch gegenüber der Versammlungsfreiheit aus Art. 8 I GG subsidiär. Er tritt hier soweit für den D hinter Art. 8 I GG zurück. Folglich ist der persönliche Schutzbereich des Art. 2 I GG als Auffanggrundrecht, ebenso wie in Bezug auf die Ausgestaltung des Art. 2 I GG hinsichtlich der Vereinigungsfreiheit, lediglich für den K eröffnet.

Für die Eröffnung des sachlichen Schutzbereiches des Art. 2 I GG gilt das hinsichtlich des Rechts des K auf Vereinigungsfreiheit gesagte entsprechend, mit der Maßgabe, dass der umfassende Schutz des Art. 2 I GG in der Ausgestaltung einer allgemeinen Handlungsfreiheit den K auch in seiner der Versammlungsfreiheit entsprechenden Tätigkeit schützt.

2. Eingriff in den Schutzbereich

Weiterhin müsste ein Eingriff in den Schutzbereich vorliegen. Die Verhinderung der Teilnahme an der Versammlung schränkt K in der Ausübung seines Grundrechts aus Art. 2 I GG und der damit verbundenen allgemeinen Handlungsfreiheit ein.

3. Verfassungsmäßige Rechtfertigung des Eingriffs

Dieser Eingriff dürfte nicht verfassungsmäßig gerechtfertigt sein. Der auf §§ 15 II i.V.m. 14 I VersG gestützte Eingriff könnte Ausdruck der Schranke der verfassungsmäßigen Ordnung sein.

Für die Verfassungsmäßigkeit der §§ 15 II, 14 I VersG und der Einzelentscheidung im letztinstanzlichen Urteil gilt soweit das bereits ausgeführte.

4. Zwischenergebnis

Folglich ist der Eingriff in den Schutzbereich des Art. 2 I GG nicht verfassungsmäßig gerechtfertigt, wodurch K in seinem Grundrecht auf freie Entfaltung der Persönlichkeit verletzt ist.

III. Ergebnis

Folglich ist Verfassungsbeschwerde des K und des D begründet.

- Ende der Bearbeitung -

SACHVERHALT

2. Hausarbeit

Der 12-jährige S besucht die 4. Klasse einer Volksschule im Bundesland XY. S unterliegt der gesetzlichen Schulpflicht, die nach den einschlägigen Vorschriften des Landes X durch den Besuch der Volksschule und einer weiterführenden Schule zu erfüllen ist. § 7 des Schulgesetzes (SG) XY schreibt vor, dass in allen Klassenräumen von Volksschulen gut sichtbar ein Kreuz anzubringen ist. Damit soll der Jugend vor Augen geführt werden, dass es traditionell Alternativen zum modernen Werteverfall gibt. Der S und seine Eltern M und V sind der Auffassung, es sei allein ihre Sache, über ihre Werte und deren Verfall zu entscheiden. Jedenfalls müsse sich der Staat einer religiösen Indoktrination durch die aufdringliche Präsenz kirchlicher Symbole enthalten.

M und V bitten deshalb Rechtsanwalt R, das Abhängen der Kreuze durchzusetzen. R möchte sich nicht mit kleinen Schritten begnügen, sondern gleich das Bundesverfassungsgericht anrufen. Nach gründlichem Studium der Rechtsprechung des Bundesverfassungsgerichts plagen den R allerdings eine Reihe von Zweifeln, die er der in seiner Kanzlei beschäftigten Jurastudentin J vorträgt. So ist sich R nicht sicher, ob er sowohl im Namen von S als auch im Namen von M und V Verfassungsbeschwerde erheben kann. Weiterhin erscheint es R klärungsbedürftig, ob er gegen § 7 SG unmittelbar das Bundesverfassungsgericht anrufen kann oder zuvor noch weitere Schritte unternehmen muss. Inhaltlich hält R einen Verstoß des § 7 SG nicht nur gegen Art. 4 I GG, sondern auch gegen Art. 3 I GG für erwägenswert, weil weder für Volksschulen in anderen Bundesländern noch für weiterführende Schulen in XY ein "Kreuzzwang" vorgeschrieben sei.

Trotz seiner Unsicherheiten zweifelt R nicht daran, dass er vor dem Bundesverfassungsgericht Erfolg haben wird. Schließlich habe das Bundesverfassungsgericht gerade über die Zulässigkeit der Anbringung eines Kreuzes in Schulräumen entschieden und sei nunmehr an diese Entscheidung gebunden. Demgegenüber äußert J Bedenken, ob sich das Bundesverfassungsgericht nicht den teilweise vehementen Stellungnahmen gegen seinen Beschluss vom 16.05.1995 beugen und zu den Grundsätzen seiner früheren Rechtsprechung zurückkehren werde. Nunmehr beauftragt der R die J mit der Erstellung eines Gutachtens über die Erfolgsaussichten einer für S sowie M und V eingelegten Verfassungsbeschwerde gegen § 7 SG.

INHALTSVERZEICHNIS

GUTACHTEN

Die Verfassungsbeschwerde des S

S ist bestrebt, das Abhängen der Kreuze in den Klassenräumen der Volksschulen im Bundesland XY, was durch den § 7 des Schulgesetzes dieses Bundeslandes vorgeschrieben ist, durchzusetzen. S möchte gegen dieses Gesetz eine Verfassungsbeschwerde vor dem BVerfG erheben. Die Verfassungsbeschwerde des S hätte nur Aussicht auf Erfolg, wenn sie zulässig und begründet ist.[1]

Beachte:

Sollte eine Hausarbeit vom Umfang begrenzt sein, kann an unproblematischen Stellen in der Zulässigkeit „gespart" werden.

In jedem Fall hätte der Punkt Beschwerdegegenstand abgekürzt werden können.

A. Zulässigkeit

Die Verfassungsbeschwerde ist zulässig, wenn die in Art. 93 I Nr. 4a, §§ 13 Nr. 8a, 90, 92, 93 BVerfGG genannten Voraussetzungen vorliegen.[2]

I. Ordnungsgemäßer Antrag

Zunächst müsste ein ordnungsgemäßer Antrag vorliegen. Gemäß §§ 23 I, 92 BVerfGG ist die Verfassungsbeschwerde schriftlich mit Begründung und mit Nennung des verletzten Grundrechts einzureichen. Eine verbale Umschreibung des Grundrechtsinhalts wird diesem Erfordernis gerecht.[3]

Es kann davon ausgegangen werden, dass S seine Verfassungsbeschwerde durch den Rechtsanwalt R, Bevollmächtigter von S, M und V, begründen und form- und fristgerecht erheben wird.

II. Beschwerdegegenstand

Für die Darstellung der Literaturangaben gibt es keine einheitlichen Vorgaben. Innerhalb der hier dargestellten Hausarbeiten werden daher verschiedene Beispiele dargestellt. Eins ist jedoch immer einheitlich: an das Ende einer Fußnote gehört ein Punkt.

Die Verfassungsbeschwerde muss sich gegen einen tauglichen Beschwerdegegenstand richten.[4] Nach Art. 93 I Nr. 4a GG und § 90 I BVerfGG kommen als tauglicher Beschwerdegegenstand der Verfassungsbeschwerde nur Akte der öffentlichen Gewalt der Bundesrepublik Deutschland in Betracht, da die Grundrechte des Grundgesetzes nur die deutsche öffentliche Gewalt binden. Unter die Akte der öffentlichen Gewalt fallen alle Maßnahmen der deutschen unmittelbaren und mittelbaren Staatsgewalt - und zwar aller Gewalten (Gesetzgebung, Verwaltung, Rechtsprechung).[5] Die hier vorliegende Beschwerde des S richtet sich gegen § 7 des Schulgesetzes des Landes XY, welches vorschreibt, dass in allen Klassenräumen von Volksschulen gut sichtbar

---

[1] Arndt, Die BAföG-Kürzung, 1996, JuS Lernbogen 1996, L 13.
[2] Erichsen, Die Verfassungsbeschwerde, 1991, Jura 1991, 585.
[3] BVerfGE 59, 98, 101.
[4] Arndt, Die BAföG-Kürzung, 1996, JuS-Lernbogen 1996, L 14.
[5] Weber, Die Zulässigkeit der Verfassungsbeschwerde, 1992, JuS 1992, 122, 124.

ein Kreuz anzubringen sei. Diese Beschwerde richtet sich gegen eine Maßnahme der Legislative, also gegen die Gesetzgebung. Somit liegt ein tauglicher Beschwerdegegenstand vor.

III. Parteifähigkeit

S müsste weiterhin parteifähig sein. Da S gemäß § 2 BGB noch nicht volljährig ist, könnten an der Parteifähigkeit des S jedoch Zweifel bestehen. S ist mit 12 Jahren minderjährig. Nach § 90 I BVerfGG kann „jedermann“ Verfassungsbeschwerde erheben beziehungsweise am Verfassungsbeschwerdeverfahren beteiligt sein, wenn er die Behauptung aufstellt, durch die öffentliche Gewalt in einem seiner Grundrechte oder in einem seiner in Art. 20 IV, 33, 38, 101, 103 und 104 GG enthaltenen Rechte verletzt zu sein. Daraus folgt, dass parteifähig ist, wer fähig ist, Träger der in dieser Bestimmung genannten Grundrechte zu sein, also wer grundrechtsfähig ist.[6] Rechtsfähigkeit ist die Fähigkeit einer Person, Träger von Rechten und Pflichten sein zu können. Menschen sind als natürliche Personen gemäß § 1 BGB mit der Geburt rechtsfähig.[7] Damit ist gesagt, dass die Minderjährigkeit des S der Parteifähigkeit nicht entgegensteht.[8] S ist als natürliche Person grundrechtsfähig und somit parteifähig.

IV. Prozessfähigkeit

S müsste außerdem prozessfähig sein. Gemäß § 22 BVerfGG wird die Prozessfähigkeit nicht geregelt. Das BVerfGG handelt lediglich vom Recht der Beteiligten auf Hinzuziehung von Prozessbevollmächtigten.[9] Prozessfähigkeit bedeutet in anderen Gerichtsverfahren die Fähigkeit, Verfahrenshandlungen selbst wirksam vorzunehmen und entgegenzunehmen oder durch einen selbst gewählten Vertreter vornehmen und entgegennehmen zu lassen (§ 51 ZPO).[10] Das BVerfG verweist insoweit auf eine Teilanalogie zum sonstigen Verfahrensrecht.[11] Prozessfähig ist danach ohne weiteres, wer nach bürgerlichem Recht geschäftsfähig ist. Parallelen zur allgemeinen Geschäftsfähigkeit sind danach offenkundig. Dabei gilt, dass die für die Grundrechtsausübung erforderliche Einsichts- und Erkenntnisfähigkeit den geistigen Fähigkeiten, die Bedeutung von Prozesshandlungen zu begreifen, dem Beschwerdeführer nicht nachstehen darf.[12] Für Minderjährige kann grundsätzlich

Auch die Prozessfähigkeit bei Minderjährigen wird immer wieder in Hausarbeiten thematisiert.

Auch hier gilt:

Wenn Platzmangel herrscht, sollte u.a. ein solcher Punkt kürzer dargestellt werden.

[6] Weber, Die Zulässigkeit der Verfassungsbeschwerde, 1992, JuS 1992, 122, 123.

[7] Zerres, Bürgerliches Recht, 6.Auflage 2009, S. 31.

[8] Hohm, Grundrechtsträgerschaft und „Grundrechtsmündigkeit“, 1986, NJW 1986, 3107, 3111.

[9] Pieroth/Schlink, StaatsR II, Rn.1229.

[10] Robbers, Verfassungsprozessuale Probleme, 1993, JuS 1993, 737, 741.

[11] Weber, Die Zulässigkeit der Verfassungsbeschwerde, 1992, JuS 1992, 122. 123; BVerfGE 28, 243, 254f.

[12] Kunig/Mager, Schulsport im Islam, 1992, Jura 1992, 364, 366; BVerfGE 28, 243, 254.

nur der gesetzliche Vertreter die Prozesshandlungen vornehmen oder den Bevollmächtigten bestimmen.[13] Ist der Minderjährige jedoch als reif anzusehen und wird er insbesondere von der Rechtsordnung als reif angesehen, in dem vom Grundrecht geschützten Freiheitsbereich eigenverantwortlich zu handeln, dann kann er selbst die Prozesshandlungen vornehmen, ist also „grundrechtsmündig".[14] Hinsichtlich der Glaubensfreiheit ist zu berücksichtigen, dass § 5 RelKErzG mit Vollendung des 14. Lebensjahrs das Recht zur Selbstbestimmung in religiösen Angelegenheiten verleiht, wodurch eine gesetzliche Konkretisierung der Grundrechtsmündigkeit erfolgt ist.[15] S ist mit seinen 12 Jahren gemäß § 2 BGB und § 106 BGB beschränkt geschäftsfähig. Danach würde ihm die Prozessfähigkeit fehlen, es sei denn, er ist als so reif anzusehen, die Prozesshandlungen selbst vorzunehmen. Es stellt sich nun die Frage, ob S die erforderliche Reife besitzt. Um dies zu beurteilen, ist zunächst § 5 RelKErzG vom 15. 07. 1921 heranzuziehen. Ein Kind kann nach § 5 S. 2 RelKErzG nach Vollendung des 12. Lebensjahrs nicht gegen seinen Willen in einem anderen Bekenntnis als bisher erzogen werden. Gemäß § 5 S. 1 RelKErzG erhält das Kind jedoch die „volle Religionsmündigkeit erst mit Vollendung des 14. Lebensjahres. Erst dann steht dem Kind die Entscheidung darüber zu, zu welchem religiösen Bekenntnis es sich halten will. Zweifelsfrei ergibt sich daher aus dem RelKErzG nicht, ob ein Kind mit 12 Jahren von der Rechtsordnung - bezogen auf Art. 4 I GG - schon als reif angesehen wird. Der Sachverhalt erteilt nur sehr geringfügig Auskunft über den Reifezustand des S. Die Tatsache, dass S mit 12 Jahren noch die vierte Klasse besucht, in der das Durchschnittsalter der Schüler eher 9 oder 10 Jahre ist, lässt Zweifel an seiner Reife entstehen. Die Prozessfähigkeit des S ist danach zu verneinen. Dafür treten die Eltern des S gemäß § 1629 BGB als dessen gesetzliche Vertreter ein. Es bestehen gegen die Prozessfähigkeit von M und V keine Zweifel.

Merke:

Für die Beschwerdebefugnis ist die Möglichkeit einer Grundrechtsverletzung notwendig, die den Beschwerdeführer selbst, gegenwärtig und unmittelbar in seiner grundrechtlich geschützten Position betrifft.

V. Beschwerdebefugnis

M und V müssten gemäß Art.93 I Nr. 4a, § 90 I BVerfGG beschwerdebefugt sein. Beschwerdebefugt im Verfahren der Verfassungsbeschwerde ist danach nur, wer behauptet, durch die öffentliche Gewalt in einem seiner Grundrechte oder der im Gesetz genannten grundrechtsgleichen Rechte verletzt zu sein.[16] Dabei reicht die bloße Behauptung einer Rechtsverletzung nicht aus. Nach der Rechtsprechung des BVerfG muss sich aus dem Tatsachenvortrag ergeben, dass die gel-

[13] Pieroth/Schlink, StaatsR II, Rn.1129.
[14] Kahl, Koran und Schulsport, 1995, JuS 1995, 904.
[15] Kunig/Mager, Schulsport im Islam, 1992, Jura 1992, 364, 366.
[16] Weber, Die Zulässigkeit der Verfassungsbeschwerde, 1992, JuS 1992, 122, 124.

tend gemachte Grundrechtsverletzung zumindest möglich erscheint.[17] Weiterhin müsste der Beschwerdeführer durch das streitgegenständliche Gesetz selbst, gegenwärtig und unmittelbar betroffen sein.[18]

1. Behauptung und Möglichkeit einer Grundrechtsverletzung

S und seine gesetzlichen Vertreter M und V müssten zunächst behauptet haben, in einem des ihnen zustehenden Grundrechts verletzt worden zu sein, wobei aus der Behauptung, in Form eines Vortrags, die Möglichkeit einer Grundrechts- beziehungsweise Rechtsverletzung hervorgehen müsste.[19] Dabei muss der Beschwerdeführer nur erkennen lassen, welches Recht er meint und nicht genau juristisch bezeichnen. Das heißt, dass er gemäß § 92 BVerfGG die Maßnahme und das Recht, das verletzt sein soll, angeben muss.[20]

S und seine Eltern M und V sind der Auffassung, es sei allein ihre Sache, über ihre Werte und deren Verfall zu entscheiden. Weiterhin müsse sich der Staat einer religiösen Indoktrination durch die aufdringliche Präsenz kirchlicher Symbole enthalten. Diese Ansicht und die Bitte an den Rechtsanwalt R, das Abhängen der Kreuze in den Klassenräumen durchzusetzen, stellt die erforderliche Behauptung dar, in einem Grundrecht verletzt worden zu sein. Außerdem müsste die Möglichkeit bestehen, tatsächlich in Grundrechten verletzt worden zu sein. Laut Sachverhalt hält Rechtsanwalt R einen Verstoß des § 7 SG des Landes XY nicht nur gegen Art. 4 I GG, sondern auch gegen Art. 3 I GG für erwägenswert, wobei ein Verstoß gegen diese Artikel nicht ausgeschlossen werden kann. Somit ist auch die notwendige Möglichkeit einer Grundrechtsverletzung gegeben.

2. Selbstbetroffenheit

Der Beschwerdeführer müsste in eigenen Grundrechten betroffen sein. Während andere Prozessordnungen zulassen, dass jemand fremde Rechte in eigenem Namen geltend macht, ist bei der Verfassungsbeschwerde eine Prozessstandschaft nicht möglich.[21] Selbstbetroffenheit liegt immer dann vor, wenn der Beschwerdeführer zu den Normadressaten des Gesetzes gehört.[22] S ist Schüler einer Volksschule im Bundesland XY und durch Vorhandensein des § 7 SG ist er von diesem betroffen. In der Rechtsordnung gemäß § 1629 BGB ist vorgeschrieben, dass sich Minderjährige von ihren Eltern vertreten lassen müssen. Diese müssen dabei nicht auch in diesen Grundrechten verletzt sein. Das

---

[17] BVerfGE 78, 320, 329.

[18] BVerfGE 72, 1, 5 f.

[19] BVerfGE 64, 367, 375.

[20] Battis/Gusy, Einführung in das Staatsrecht, 4.Auflage 1999, § 7 Rn. 328.

[21] Pieroth/Schlink, StaatsR II, Rn.1243; BVerfGE 72, 122, 131.

[22] Arndt, Die BAföG-Kürzung, 1996, JuS-Lernbogen 1996 L 14.

heißt, dass S selbst betroffen ist und mit Hilfe seiner Vertreter selbst geltend machen kann, in seinen Grundrechten verletzt zu sein.

3. Gegenwärtige Betroffenheit

Der Beschwerdeführer müsste ferner gegenwärtig durch die angegriffene Rechtsnorm betroffen sein. Die bloße Möglichkeit, in der Zukunft einmal von ihr betroffen zu werden (virtuelle Betroffenheit) reicht nicht aus. Das Betroffensein muss schon bei Erhebung der Verfassungsbeschwerde vorliegen.[23] Auf der anderen Seite muss die Betroffenheit auch gegenwärtig noch fortbestehen, dass sie einmal in der Vergangenheit vorgelegen hat, reicht nicht aus.[24] Im § 7 des Schulgesetzes des Bundeslandes XY ist geschrieben, dass in allen Klassenräumen von Volksschulen ein Kreuz anzubringen ist. § 7 SG ist somit geltendes Recht, wodurch S gegenwärtig betroffen ist, und zwar durch die von ihm behauptete religiöse Indoktrination durch die aufdringliche Präsenz kirchlicher Symbole in den Klassenräumen. Diese Betroffenheit würde auch weiter fortbestehen.

4. Unmittelbare Betroffenheit

Außerdem müsste noch die unmittelbare Betroffenheit über die vom Beschwerdeführer angegriffene Rechtsnorm vorliegen, das heißt, dass dieser schon durch die Rechtsnorm selbst unmittelbar betroffen sein müsste und nicht erst durch einen besonderen, vom Willen der vollziehenden Gewalt getragenen Vollzugsakt in einem seiner geschützten Rechte verletzt zu werden.[25] Aus § 7 SG des Bundeslandes XY folgt, dass Kreuze in den Klassenräumen aufzuhängen sind. Einen weiteren Vollzugsakt - etwa des Erlassen eines Verwaltungsaktes - bedarf es nicht.

Damit ist S durch die von ihm angegriffene Rechtsnorm unmittelbar betroffen.

5. Zwischenergebnis

S ist damit, vertreten durch seine Eltern M und V, beschwerdebefugt.

---

[23] Maunz/Dürig, Grungesetz Kommentar, 52. Auflage 2009, Art. 93 Rn. 67.

[24] Weber, Die Zulässigkeit der Verfassungsbeschwerde, 1992, JuS 1992, 123, 125.

25 BVerfGE 1, 97; 2, 292.

VI. Erschöpfung des Rechtswegs

Gemäß § 90 II S. 1 BVerfGG, gestützt auf Art. 94 II S. 2 GG müsste der Rechtsweg erschöpft sein, wenn ein Rechtsweg prinzipiell eingeräumt ist.[26]

Rechtsweg ist der Weg, der den einzelnen mit dem Begehren, die behauptete Grundrechtsverletzung zu überprüfen und auszuräumen, vor die deutschen Gerichte führt.[27] Der Rechtsweg ist zu erschöpfen, das heißt der Beschwerdeführer muss alle durch die jeweils geltende Prozessordnung gegebenen Möglichkeiten der Abhilfe genutzt haben. Der Rechtsweg ist im Sinne des § 90 II S. 1 BVerfGG nicht erschöpft, wenn eine anderweitige Möglichkeit besteht oder bestand, die Grundrechtsverletzung zu beseitigen oder ohne Inanspruchnahme des BVerfG im praktischen Ergebnis dasselbe zu erreichen. Der Beschwerdeführer muss also alle nach der jeweils einschlägigen Prozessordnung in Betracht kommenden Rechtsbehelfe ergreifen, Die Versäumung an sich zulässiger Rechtsbehelfe steht der Zulässigkeit der Verfassungsbeschwerde entgegen. Es ist jedoch umstritten, inwieweit dieses Erfordernis bei der Verfassungsbeschwerde gegen formelle Gesetze, der so genannten Rechtssatzverfassungsbeschwerde, zum Tragen kommt. Eine Ansicht besagt, dass es gegen formelle Gesetze einen Rechtsweg gibt. Nach dieser Ansicht soll im Rahmen eines verwaltungsgerichtlichen Verfahrens das Schulgesetz des Bundeslandes XY im Wege einer inzidenten Normenkontrolle auf seine Rechtmäßigkeit hin überprüft werden.[28] Nach herrschender Lehre und Rechtsprechung des BVerfG gilt § 90 II S. 1 BVerfGG grundsätzlich nicht für Rechtssatzverfassungsbeschwerden, wie sie hier vorliegend ist.[29] Gegen Gesetze gibt es danach keinen Rechtsweg.[30] Das BVerfG zog daraus zunächst die Konsequenz, dass die Regelung des § 90 II S. 1 BVerfGG leer laufe und eine Verfassungsbeschwerde gegen eine Rechtsnorm unmittelbar zulässig wäre.[31] Daher hat das BVerfG den allgemeinen Grundsatz der Subsidiarität der Verfassungsbeschwerde entwickelt, den der Beschwerdeführer erfüllen muss, soweit dieser zulässig und ihm zumutbar ist.

Vorsicht bei der Darstellung von Streitigkeiten. Hier reicht es nicht, sich auf der Meinung des BVerfG „auszuruhen".

Vielmehr muss der Grund dargelegt werden, warum dieser Ansicht gefolgt wird.

Rechtsanwalt R könnte demzufolge nicht unmittelbar das BVerfG anrufen, bevor er nicht zuvor noch weitere Schritte unternommen hat.

---

[26] Pieroth/Schlink, StaatsR II, Rn.1255.

[27] Pieroth/Schlink, StaatsR II, Rn.1256.

[28] Arndt, Die BAföG-Kürzung, 1996, JuS-Lernbogen 1996, L14.

[29] BVerfGE 79, 29, 35f.

[30] Battis/Gusy, Einführung in das Staatsrecht, Rn. 328; Arndt, Die BAföG-Kürzung, 1996, JuS-Lernbogen 1996, L14.

[31] BVerfGE 3, 34, 36.

Fraglich ist dabei, ob diese Schritte dem Beschwerdeführer zuzumuten sind.

VII. Allgemeiner Grundsatz der Subsidiarität

Nach der Rechtsprechung des BVerfG ist schließlich noch der Subsidiaritätsgrundsatz zu beachten.[32] Der Beschwerdeführer müsste danach über die Rechtswegerschöpfung im engeren Sinn hinaus alle nach Lage der Sache zur Verfügung stehenden Möglichkeiten ergreifen, um eine Korrektur der geltend gemachten Verfassungsverletzungen oder eine Grundrechtsverletzung zu erwirken.[33] Das BVerfG begründet diesen Wandel seiner Rechtsprechung zum einen damit, dass zunächst eine umfassende fachgerichtliche Prüfung des Prozessstoffes und Aufbereitung des Tatsachenmaterials erfolgen und ihm die Auffassung der Fachgerichte, insb. oberster Bundesgerichte, vermittelt werden solle. Zum anderen sei nach der grundgesetzlichen Zuständigkeitsverteilung Rechtsschutz gegen Grundrechtsverletzungen in erster Linie von den Fachgerichten zu gewähren.[34] Das BVerfG kann über eine Verfassungsbeschwerde aber sofort entscheiden, wenn dem Beschwerdeführer, falls er zunächst auf den Rechtsweg verwiesen würde, ein schwerer, unabwendbarer Nachteil entstünde. Die Anwendung des Grundsatzes der Subsidiarität darf danach nicht dazu führen, dass ein effektiver Grundrechtsschutz nicht mehr gewährleistet ist.[35] Das BVerfG sieht in dem Beschluss vom 16. 05. 1995, den Zustand als unzumutbar an, wenn ein Schüler entgegen seiner eigenen religiös-weltanschaulichen Ansichten in der Schule mit einem Kreuz konfrontiert wird. Auf die geistige Entwicklung leicht beeinflussbarer Kinder werde durch das Kreuzsymbol eine tiefgreifende und nachhaltige Wirkung ausgeübt. Die Verweisung auf das Hauptsacheverfahren bedeute im Ergebnis eine völlige Rechtsschutzverweigerung.[36] Die Rechtswegerschöpfung wäre für S unzumutbar. Daher ist die Verfassungsbeschwerde nicht subsidiär, so dass sich Anwalt R unmittelbar an das BVerfG wenden kann.

VIII. Form

Die Darstellung der Gliederungspunkte Form und Frist hätte sicherlich kürzer erfolgen können. Lehrbuchartige Ausführungen sind in einem Gutachten nicht gefragt. Es gilt der Grundsatz: ***Alles was überflüssig ist, ist falsch!***

Die Verfassungsbeschwerde ist gemäß § 23 I BVerfGG schriftlich einzureichen.[37] Das heißt, dass gemäß § 92 BVerfGG in der Begründung das Recht, das verletzt sein soll, und die Handlung oder Unterlassung des Organs oder der Behörde, durch die der Beschwerdeführer sich verletzt fühlt, zu bezeichnen ist, wobei die Angabe oder Umschreibung

[32] Pieroth/Schlink, StaatsR II, Rn.1261.
[33] BVerfGE 74, 102, 103.
[34] Erichsen, Die Verfassungsbeschwerde, 199, Jura 1991, 585, 641
[35] BVerfGE 74, 69, 74.
[36] BVerfGE 93, 1 I S. 8.
[37] Weber, Die Zulässigkeit der Verfassungsbeschwerde, 1992, JuS 1992, 123, 127.

dem Inhalt nach genügt.[38] Es ist davon auszugehen, dass Rechtsanwalt R die Verfassungsbeschwerde formgerecht einreichen wird.

IX. Frist

Die Verfassungsbeschwerde müsste weiterhin in der vorgeschriebenen Frist erhoben werden. Hinsichtlich der Frist, binnen derer die Verfassungsbeschwerde zu erheben ist, ist gemäß § 93 BVerfGG zwischen zwei Fällen zu unterscheiden: zum einen die Verfassungsbeschwerde gegen ein Gesetz oder einen Hoheitsakt, gegen den ein Rechtsweg nicht offen steht, und zum anderen die Verfassungsbeschwerde gegen einen sonstigen Hoheitsakt.[39] Die Verfassungsbeschwerde des S richtet sich gegen erstgenanntes. Bei Hoheitsakten, gegen die ein Rechtsweg nicht offen steht, das sind in erster Linie formelle sowie materielle Gesetze, ist die Verfassungsbeschwerde gemäß § 93 III BVerfGG binnen eines Jahres zu erheben. Die Frist beginnt bei Gesetzen mit deren Inkrafttreten zu laufen.[40]

Aus dem Sachverhalt ist nicht ersichtlich, zu welchem Zeitpunkt § 7 SG in Kraft getreten ist. Es ist aber davon auszugehen, dass die Verfassungsbeschwerde fristgerecht von Rechtsanwalt R eingereicht wird.

X. Zwischenergebnis

Die Verfassungsbeschwerde des S, vertreten durch seine Eltern M und V, ist zulässig.

B. Begründetheit

Die Prüfung der Begründetheit beginnt bei Grundrechten grundsätzlich mit der Frage, ob ein Eingriff vorliegt. Dies gilt jedoch ***nicht*** *bei Gleichheitsrechten.*

Die Verfassungsbeschwerde des S müsste begründet sein. Begründet ist die Verfassungsbeschwerde gemäß Art. 93 I Nr. 4a GG, wenn ein Grundrecht oder ein grundrechtsähnliches Recht verletzt und dies nicht verfassungsrechtlich gerechtfertigt ist.[41] Für die Begründetheit müsste also das Grundrecht des S aus Art. 4 I GG tatsächlich verletzt worden sein.

I. Eingriff in den Schutzbereich des Art. 4 I GG

Zu prüfen wäre zunächst einmal, ob S durch das Aufhängen des Kreuzes in seinem Klassenraum in seinem Grundrecht aus Art. 4 I GG verletzt ist. Voraussetzung dafür ist, dass zunächst der Schutzbereich dieses Gesetzes betroffen ist.

Durch das Aufhängen eines Kreuzes in Klassenräumen könnte der Schutzbereich des Art. 4 I GG betroffen sein.

---

[38] Pieroth/Schlink, StaatsR II, Rn.1268.

[39] Erichsen, Die Verfassungsbeschwerde, 1991, Jura 1991, 585, 642.

[40] Pieroth/Schlink, StaatsR II, Rn.1269.

[41] Pieroth/Schlink, StaatsR II, Rn.1271.

1. Betroffenheit des Schutzbereiches

*Die Begriffe **forum internum** und **forum externum** sollten – wie hier – bei einer Prüfung des Art. 4 in die Prüfung eingebunden werden.*

Nach Art. 4 I GG sind die Freiheit des Glaubens, des Gewissens und die Freiheit des religiösen und weltanschaulichen Bekenntnisses unverletzlich. Der Schutzbereich der Freiheit des Glaubens umfasst zunächst die Freiheit, einen Glauben zu haben. Damit wird das erste Schutzgut aus Art. 4 I GG, das sog. forum internum, beschrieben, womit die Freiheit des Denkens in Bezug auf die religiösen und moralischen Überzeugungen gemeint ist. Art. 4 I GG verbietet es, dem Gläubigen allein wegen seines Glaubens - sei es überhaupt wegen eines Glaubens, sei es wegen eines „falschen" Glaubens - ein Unrechtsbewusstsein einzupflanzen.[42] Es wird zum Teil die Auffassung vertreten, dass Art. 4 I GG ausschließlich das forum internum schützt.[43] Nach anderer Ansicht ist der Schutzbereich von Art. 4 I GG nicht nur auf das forum internum beschränkt.[44] Nach dieser Ansicht schützt die Glaubensfreiheit neben der inneren Freiheit, religiöse und weltanschauliche Überzeugungen zu bilden und zu haben, auch das sogenannte forum externum, also auch die äußere Freiheit, diese Überzeugungen beziehungsweise Entscheidungen zu bekennen und zu verbreiten, wodurch die in Art. 4 I GG angesprochene Bekenntnisfreiheit mit inbegriffen ist.[45] Zutreffend ist deshalb die Feststellung des BVerfG, zur Glaubensfreiheit gehöre auch das Recht des Einzelnen, sein gesamtes Verhalten an den Lehren seines Glaubens auszurichten und seiner inneren Glaubensüberzeugung gemäß zu handeln, womit auch das forum externum als Schutzgut des Art. 4 I GG anerkannt ist.[46]

Die in Art. 4 I GG aufgezählten Freiheiten sind Menschenrechte.[47] Träger ist danach jedermann. Geschützt werden insbesondere auch Ausländer und Staatenlose sowie Kinder. Das Grundrecht der Kinder wird allerdings durch das Erziehungsrecht der Eltern begrenzt, die daher im Ergebnis die Glaubensfreiheit des Kindes bis zur Religionsmündigkeit ausüben.[48] Jeder darf danach über sein Bekenntnis und seine Zugehörigkeit zu einer Kirche, die durch dieses Bekenntnis bestimmt ist, selbst und frei von staatlichem Zwang entscheiden.[49] Wie schon erwähnt, ist S grundrechtsfähig im Sinne von Art. 4 I GG und fällt somit unter den Schutzbereich dieses Gesetzes. Fraglich ist, ob das Aufhängen der Kreuze in den Klassenräumen, welches das Schulgesetz des Bundeslandes XY regelt, den Schutzbereich des Art. 4 I GG

---

[42] v. Münch, GG, 1992, Art. 4 Rdn 21.
[43] Maunz/Dürig, Art. 4 Rn. 66.
[44] v. Münch, GG, 1992, Art.4 Rn. 22.
[45] Jarass/Pieroth, Art. 4 Rn. 10.
[46] BVerfGE 32, 98, 106.
[47] Schmidt-Bleibtreu/*Klein*, Art. 4 Rn. 1.
[48] Jarass/Pieroth, Art. 4 Rn. 18.
[49] BVerfGE 30,415,423.

berührt, dieser also durch dieses Gesetz betroffen ist. Art. 4 I GG gewährleistet einen von staatlicher Einflussnahme freien Rechtsraum, in dem jeder sich eine Lebensform geben kann, die seiner religiösen und weltanschaulichen Überzeugung entspricht.[50] Durch den § 7 SG des Bundeslandes XY, der vorschreibt, dass in allen Klassenräumen von Volksschulen gut sichtbar ein Kreuz anzubringen ist, ist der von staatlicher Einflussnahme freie Rechtsraum nicht mehr gegeben, in dem selbst und frei über Bekenntnis und Zugehörigkeit eines Glaubens entschieden werden kann. S wird als schulpflichtiger Jugendlicher durch das Anbringen eines Kreuzes in seinem Klassenraum in dem Bekenntnis und der Zugehörigkeit zu einem Glauben durch staatlichen Zwang beeinflusst. Der Schutzbereich des Art. 4 I GG ist durch den § 7 SG des Bundeslandes XY betroffen.

2. Eingriff in den Schutzbereich

Weiterhin müsste die staatliche Einflussnahme auch als tatsächlichen Eingriff in den Schutzbereich des Art. 4 I GG anzusehen sein. Unter einem Eingriff in ein Grundrecht versteht man jede hoheitliche Maßnahme, die dem einzelnen ein Verhalten, das in den Schutzbereich eines Grundrechts fällt, unmöglich macht oder erschwert.[51] Das BVerfG hat festgestellt, dass unter dem Grundgesetz die öffentliche Gewalt die Bürger und Bürgerinnen nicht mit Glaubenssymbolen konfrontieren darf, weil und insofern diese solchen Glaubensbekundungen nicht ausweichen können. Dies sei eine Verletzung der weltanschaulichen Neutralität, zu der der Staat und seine Organe verpflichtet sind. Das Gericht betont, dass Art. 4 I GG seine freiheitssichernde Wirkung gerade in Lebensbereichen entfaltet, die nicht der gesellschaftlichen Selbstorganisation überlassen, sondern vom Staat in Vorsorge genommen worden sind. Schüler sind verpflichtet, sich in Räumen öffentlicher Schulen unterrichten zu lassen. Wenn der Staat an solchen Orten die Anbringung religiöser Symbole anordnet oder duldet, schafft er eine Lage, die den einzelnen in seinem gewissensmäßigen, weltanschaulichen Freiheitsrecht beeinträchtigt. So sehr jeder darauf vertrauen dürfe, dass er unter dem Schutz des Staates seinen eigenen Glauben ungehindert bekennen und ausüben könne, so habe niemand einen Anspruch darauf, seine Glaubensüberzeugung mit staatlicher Unterstützung auszudrücken, vielmehr folge aus Art. 4 I GG der Grundsatz staatlicher Neutralität gegenüber den unterschiedlichen Religionen und Bekenntnissen.[52] Weiter wird festgestellt, dass das Kreuz Symbol einer bestimmten Überzeugung ist und nicht nur Ausdruck der vom Christentum mitgeprägten abendländischen Kultur. Darum werde auch die

*Auch hier findet sich ein typischer **Fehler.** Der Verfasser zitiert hier richtig das BVerfG. Jedoch findet sich kein entsprechender Verweis in der Fußnote.*

Sobald im Rahmen des Gutachtens die Rechtsprechung angesprochen wird, gehört in die Fußnote mindestens ein Verweis auf eine entsprechende Entscheidung.

Nicht ausreichend ist dann ein Verweis auf einen Aufsatz oder Lehrbuch, in dem man die Entscheidung findet! Es ist immer die „Original-Fundstelle" in der Fußnote anzugeben!

---

[50] BVerfGE 12,1, 3.

[51] Kahl, Koran und Schulsport, 1995, JuS 1995, 904, 906.

[52] Neumann, Rechts- oder Glaubensstaat, 1995, ZRP 1995, 381, 383.

Ausstattung eines Raumes oder Gebäudes mit einem Kreuz bis heute als gesteigertes Bekenntnis des Besitzers zum christlichen Glauben verstanden. Gerade wegen dieser Bedeutung, die das Christentum dem Kreuz beilegt, ist es auch für Nichtchristen und Atheisten sinnbildlicher Ausdruck bestimmter Glaubensüberzeugungen und Symbol christlicher missionarischer Ausbreitung. Das Kreuz im Klassenzimmer habe im Kontext der schulischen Erziehung zur Erlernung auch emotionaler und affektiver Fähigkeiten apellativen Charakter und weise die von ihm symbolisierten Glaubensinhalte als vorbildhaft und befolgenswürdig aus. Dies erfolge zudem gegenüber Personen, die aufgrund ihrer Jugend in ihren Anschauungen noch nicht gefestigt sind, Kritikvermögen und Ausbildung eigener Standpunkte erst erlernen sollen und daher einer mentalen Beeinflussung besonders leicht zugänglich sind.[53] Kritisch wird hierzu die Meinung vertreten, dass die Ausstattung des Schulraums kein grundrechtliches Thema für ein Abwehrrecht liberaler Observanz sei. Der Schüler sei dem Kreuz gegenüber frei, ob er es wahrnimmt oder ignoriert. Optische Zeichen seien leichter vermeidbar als akustische. Wegsehen sei einfacher als Weghören. Wenn der Schüler das Kreuz wahrnimmt, sei er auch frei, wie er sich zu ihm stellt. Das Symbol sei nur dem ein Appell, der in ihm einen Appell erkennen will.[54] Der Beschluss des BVerfG vom 16. 05. 1995 nimmt keinem Christen etwas weg, worauf er grundrechtlich einen Anspruch hätte, und lässt im Übrigen deutlich erkennen, welch hohen Wert er der Möglichkeit der Glaubensverwirklichung auch in der Schule - für alle gleichermaßen - beimisst.[55] Durch das Aufhängen des Kreuzes im Klassenraum des S ist dieser mit dem Kreuz aufgrund der Schulpflicht unausweichlich konfrontiert. S wird dadurch in seinem gewissensmäßigen, weltanschaulichen Freiheitsrecht beeinträchtigt. Das BVerfG ist der Auffassung, dass Jugendliche für mentale Beeinflussung, wie es die tägliche Konfrontation mit dem Kreuz darstellt, besonders leicht zugänglich seien. Dies trifft sicherlich nicht allgemein auf jeden Jugendlichen zu, es ist aber ausschlaggebend, dass es eine Gefahr der Beeinflussung beinhaltet. Die staatliche Neutralität gegenüber den unterschiedlichen Religionen ist damit tatsächlich nicht gewahrt, so dass das Aufhängen eines Kreuzes im Klassenraum in den Schutzbereich des Art. 4 I GG eingreift.

---

[53] Neumann, Rechts- oder Glaubensstaat, 1995, ZRP 1995, 381, 384; BVerfGE 52, 223, 249.

[54] Isensee, Bildersturm durch Grundrechtsinterpretation, 1996, ZRP 1996, 10 ff.

[55] Czermak, Der Kruzifix-Beschluß des BVerfG, 1995, NJW 1995, 3348 ff.

II. Verfassungsrechtliche Rechtfertigung des Eingriffs

Der Eingriff in den Schutzbereich des Art. 4 I GG könnte verfassungsrechtlich gerechtfertigt sein. Dies wäre der Fall, wenn für den Eingriff überhaupt eine gesetzliche Eingriffsgrundlage vorhanden ist. Art. 4 I GG enthält keine Eingriffsgrundlage; er ist ein vorbehaltloses Grundrecht.[56]

Gleichwohl gelten diese Grundrechte nicht schrankenlos, weil alles menschliche Handeln die Rechtssphäre der Mitmenschen verletzen kann und insoweit ein rechtlicher Ausgleich geschaffen werden muss, was regelmäßig Freiheitsbeschränkung bedeutet.[57] Die inkorporierten Artikel der Weimarer Reichsverfassung enthalten zwar Schrankenregelungen; doch ist im Zuge der extensiven Interpretation durch das BVerfG fraglich geworden, wie sie mit Art. 4 GG zusammenpassen. Darüber hinaus ist in der Rechtsprechung des BVerfG anerkannt, dass eine Schrankenübertragung aus Art. 2 I GG und Art. 5 II GG unzulässig ist; das heißt weder die Rechte anderer, die verfassungsmäßige Ordnung oder das Sittengesetz noch die allgemeinen Gesetze dürfen als Rechtfertigung für Eingriffe in die Religions-, Weltanschauungs- und Gewissensfreiheit herangezogen werden.[58] Nach herrschender Meinung sind kollidierende Grundrechte Dritter und andere mit Verfassungsrang ausgestattete Rechtswerte mit Rücksicht auf die Einheit der Verfassung und die von ihr geschützte gesamte Wertordnung ausnahmsweise imstande, auch uneinschränkbare Grundrechte in einzelnen Beziehungen zu begrenzen (so genannte verfassungsimmanente Schranken).[59] Das Grundrecht des S aus Art. 4 I GG gerät hier in Kollision mit dem staatlichen Bildungs- und Erziehungsauftrag gemäß Art. 7 I GG. Dieses Mandat beinhaltet die Gesamtheit der staatlichen Befugnisse zur Organisation, Leitung und Planung des Schulwesens, einschließlich der Festlegung von Erziehungszielen.[60] Ausdruck des verfassungsrechtlichen Bildungsauftrags ist demnach die im Schulgesetz des Bundeslandes XY geregelte Schulpflicht und die in § 7 SG geregelte Anbringung der Kreuze in den Klassenräumen. Weiterhin kommt noch ein Konflikt des Art. 4 I GG, als negative Religionsfreiheit des S auf der einen Seite, mit Art. 4 I GG, als positive Religionsfreiheit derjenigen Schüler und Eltern, die für das Anbringen eines Kreuzes im Klassenraum sind, auf der anderen Seite, in Betracht. Es

*Auch der Begriff der **Verfassungsimmanenten Schranke"** sollte bei scheinbar uneinschränbaren Grundrechten im Gutachten unbedingt genannt werden.*

[56] Pieroth/Schlink, StaatsR II, Rn.576.

[57] Pieroth/Schlink, StaatsR II, Rn.327.; v.Mangoldt/Klein/Starck, Grundgesetz, 5.Auflage 2005, Art. 4 Rn. 84.

[58] BVerfGE 32, 98, 107.

[59] BVerfGE 28, 243, 260 f.

[60] BVerfGE 26, 228, 238.

stellt sich nun die Frage, ob § 7 SG durch die Einschränkungsmöglichkeiten des Art. 4 I GG gedeckt ist.

Die formelle Verfassungsmäßigkeit gliedert sich selbst wieder in die Punkte

- Zuständigkeit

- Verfahren

- Form.

Eine derartige Gliederung ist jedoch nur bei Problemen im Rahmen dieses Prüfungspunktes erforderlich.

Die materielle Verfassungsmäßigkeit gliedert sich in die Prüfungspunkte

- legitimer Zweck

- Geeignetheit

- Erforderlichkeit

- Angemessenheit.

1. Formelle Verfassungsmäßigkeit

§ 7 SG des Bundeslandes XY müsste formell verfassungsmäßig sein. Voraussetzung für eine formelle Verfassungsmäßigkeit ist, dass das Gesetz verfahrens- und kompetenzmäßig ordnungsgemäß zustande gekommen ist.[61] Ob der Bund oder das Land zuständig ist, bemisst sich nach der allgemeinen Aufgabenverteilung zwischen Bund und Ländern. Da die Art. 73, 74 GG keinen Aufschluss über die Gesetzgebungskompetenz bezüglich des Erlassens von Schulgesetzen geben, kann sie sich nur noch aus Art. 70 GG ergeben. Danach haben die Länder beim Erlassen von Schulgesetzen die Gesetzgebungskompetenz. Im Übrigen kann die formelle Verfassungsmäßigkeit von Schulgesetz und Schulordnung unterstellt werden.

2. Materielle Verfassungsmäßigkeit

Weiterhin müsste § 7 SG materiell verfassungsmäßig sein. Das Gesetz ist materiell verfassungsmäßig, wenn der Gesetzgeber gewisse Einschränkungen der Beschränkungsmöglichkeiten bezüglich eines Grundrechtseingriffs, die Schranken - Schranken, beachtet.[62] Der Gesetzgeber müsste sich dazu an den Grundsatz der Verhältnismäßigkeit gehalten haben, welcher verlangt, dass das betroffene Gesetz einen legitimen Zweck innehaben muss und dass dieser Zweck geeignet, erforderlich und angemessen sein muss, damit dieser erfüllt wird.

a) Legitimer Zweck

Ein legitimer Zweck zur Erreichung einer Grundrechtsbeschränkung liegt vor, wenn das gesetzgeberische Ziel auf das Wohl der Allgemeinheit gerichtet ist. § 7 SG verfolgt mit der Anordnung, dass in den Klassenräumen von Volksschulen Kreuze aufzuhängen sind, den Zweck, der Jugend vor Augen zu führen, dass es traditionell Alternativen zum modernen Werteverfall gibt. Das Bundesland XY kommt so seiner Aufgabe gemäß Art. 7 GG nach, Unterrichts- und somit Erziehungsziele in seinen Schulen festzulegen.[63] Ein legitimer Zweck liegt folglich vor.

b) Geeignetheit

§ 7 SG müsste dazu geeignet sein, den angestrebten Zweck zu erfüllen. Geeignet ist ein Mittel, wenn es zur Erreichung des angestrebten

[61] Arndt, Die BAföG-Kürzung, 1996, JuS-Lernbogen 1996, L15.

[62] Pieroth/Schlink, StaatsR II, Rn.285.

[63] Jarass/Pieroth, Art. 7 Rn. 3.

Zwecks tauglich ist.[64] Aufgrund der Schulpflicht werden die Schüler während ihrer Schulzeit, die mehrere Jahre umfasst, täglich mit dem Kreuz in ihrem Klassenraum konfrontiert. Dadurch wird ihnen gezeigt, dass es tatsächlich traditionell Alternativen zum modernen Werteverfall gibt. § 7 SG ist tauglich und somit zur Erreichung des angestrebten Zwecks geeignet.

c) Erforderlichkeit

§ 7 SG müsste außerdem erforderlich sein. Erforderlichkeit bedeutet, dass es kein milderes Mittel gibt, um den gleichen Erfolg im Hinblick auf das angestrebte Ziel zu erreichen.[65] Gleich wirksame und weniger belastende Mittel sind in diesem Fall nicht ersichtlich. Somit ist § 7 SG auch erforderlich.

d) Angemessenheit

Die Prüfung der Angemessenheit ist häufig ein Schwerpunkt im öffentlichen Recht. Beachten Sie, dass Sie nicht „schwafeln" sonder inhaltlich tragfähige Argumente bringen!

§ 7 SG müsste schließlich angemessen sein, die erstrebte Förderung des Gemeinwohls nicht außer Verhältnis zu der damit verbundenen Beeinträchtigung der grundrechtlich geschützten Individualsphäre stehen zu lassen.[66] Das zu erreichende Ziel und die dafür in Kauf genommene Belastung des Bürgers dürfen also nicht außer Verhältnis stehen. Es hat folglich eine Abwägung zwischen den betroffenen Interessen stattzufinden. Hier wäre es die Religionsfreiheit des S gemäß Art. 4 I GG gegen den staatlichen Bildungsauftrag gemäß Art. 7 I GG sowie gegen die Religionsfreiheit der Schüler und Eltern, die das Aufhängen eines Kreuzes im Klassenraum befürworten, abzuwägen.

aa) Religionsfreiheit des S (Art. 4 I GG) --- Bildungs- und Erziehungsauftrag (Art. 7 I GG)

Art. 7 I GG könnte das Aufhängen der Kreuze in den Klassenräumen rechtfertigen. Durch Art. 7 I GG wird dem Staat ein Bildungs- und Erziehungsauftrag erteilt, wonach er das Schulwesen organisieren und selbst Schulen errichten soll. Weiterhin darf er die Erziehungsziele und Ausbildungsgänge festlegen.[67] Nicht nur schulische und familiäre Erziehung können daher in Konflikt geraten, es ist auch nicht zu vermeiden, dass in der Schule die unterschiedlichen Überzeugungen - religiöser und weltanschaulicher Seite - der Schüler besonders intensiv aufeinander treffen. Die kollidierenden Verfassungspositionen, die durch den Konflikt zwischen verschiedenen Trägern eines vorbehaltlos gewährleisteten Grundrechts sowie zwischen diesem Grundrecht und anderen verfassungsrechtlich geschützten Gütern entstanden sind,

---

[64] Jarass/Pieroth, Art. 20 Rn. 55.

[65] Pieroth/Schlink, StaatsR II, Rn.295.

[66] Erichsen, Die Verfassungsbeschwerde, 1992, Jura 1992, 142, 146.

[67] BVerfGE 34, 165, 182.

müssen zu einem möglichst schonenden Ausgleich gebracht werden (Gebot der praktischen Konkordanz). Dabei ist zu beachten, dass nicht eine der widerstreitenden Rechtspositionen bevorzugt oder maximal behauptet wird.[68] Weiterhin verlangt ein solcher Ausgleich nicht, dass der Staat bei der Erfüllung des von Art. 7 I GG erteilten Erziehungsauftrags auf religiös - weltanschauliche Bezüge völlig verzichtet. Auch nicht, wenn er die Glaubensfreiheit umfassend gewährleistet und sich damit selber zu religiös - weltanschaulicher Neutralität verpflichtet. Der Staat kann die kulturell vermittelten und historisch verwurzelten Wertüberzeugungen und Einstellungen nicht abstreifen, auf denen der gesellschaftliche Zusammenhalt beruht. Dabei ist aber unbedingt zu beachten, dass die Schule ihre Aufgabe im religiös - weltanschaulichen Bereich gemäß Art. 7 III GG nicht missionarisch auffassen und keine Verbindlichkeit für christliche Glaubensinhalte beanspruchen darf. Gerade wegen der Bedeutung aber, die das Christentum dem Kreuz beilegt, ist es auch für Nichtchristen und Atheisten sinnbildlicher Ausdruck bestimmter Glaubensüberzeugungen und Symbol christlicher missionarischer Ausbreitung.[69] Daher ist das Anbringen der Kreuze in Klassenräumen des Bundeslandes XY nicht vereinbar mit Art. 4 I GG und somit durch Art. 7 I GG nicht gerechtfertigt.

bb) Negative Religionsfreiheit des S --- Positive Religionsfreiheit anderer Schüler und Eltern

Durch die positive Religionsfreiheit der Schüler und Eltern mit christlichem Glauben könnte das Aufhängen der Kreuze in den Klassenräumen gerechtfertigt sein. Die positive Glaubensfreiheit kommt allen Eltern und Schülern gleichermaßen zu, nicht nur den christlichen. Der daraus entstehende Konflikt lässt sich nicht nach dem Mehrheitsprinzip lösen, denn gerade das Grundrecht der Glaubensfreiheit bezweckt in besonderem Maße den Schutz von Minderheiten. Überdies habe auch niemand einen Anspruch darauf, seine Glaubensüberzeugung mit staatlicher Unterstützung auszudrücken, so sehr er auch darauf vertrauen darf, dass er unter dem Schutz des Staates seinen eigenen Glauben ungehindert bekennen und ausüben könne.[70] Soweit die Schule im Einklang mit der Verfassung dafür Raum lässt, müssen diese vom Prinzip der Freiwilligkeit geprägt sein und Andersdenkenden zumutbare, nicht diskriminierende Ausweichmöglichkeiten lassen. Dies ist aber nicht gegeben, wenn in Klassenräumen Kreuze angebracht werden, deren Präsenz und Anforderung sich der Andersdenkende nicht entziehen kann. Auch mit dem Gebot praktischer Konkordanz wäre es nicht vereinbar, die Empfindungen des Andersdenkenden völlig zurückzu-

[68] BVerfGE 28, 243, 260 f.
[69] Neumann, Rechts- oder Glaubensstaat, 1995, ZRP 1995, 381, 384.
[70] Neumann, Rechts- oder Glaubensstaat, 1995, ZRP 1995, 381, 383.

drängen, damit die Schüler christlichen Glaubens unter dem Symbol ihres Glaubens lernen können. Daraus ergibt sich, dass die positive Religionsfreiheit der Schüler und Eltern mit christlichem Glauben das Aufhängen von Kreuzen in Klassenräumen nicht rechtfertigt.

cc) Zwischenergebnis

Die Schranken des Art. 7 I GG und die des Art. 4 I GG decken nicht den Eingriff in den Schutzbereich des Art. 4 I GG. Die Verfassungsbeschwerde des S ist somit gegen § 7 SG bezüglich des Art. 4 I GG auch begründet.

III. Verstoß gegen Art. 3 I GG

Der Aufbau des Art. 3 als Gleichheitsrecht weicht von der typischen Eingriffsprüfung ab!

Aufgrund der Tatsache, dass für Volksschulen in anderen Bundesländern sowie für weiterführende Schulen in XY ein „Kreuzzwang" nicht vorgeschrieben ist, könnte ein Verstoß gegen den allgemeinen Gleichheitssatz gemäß Art. 3 I GG vorliegen.

1. Ungleichbehandlung

Die Prüfung hätte an dieser Stelle deutlich kürzer erfolgen müssen. Aus didaktischen Gründen wurde der kursiv gedruckte Teil dennoch abgedruckt.

Der allgemeine Gleichheitssatz ist als Grundrecht des einzelnen in Art. 3 I GG garantiert, gilt aber darüber hinaus als selbstverständlicher, ungeschriebener Verfassungsgrundsatz in allen Bereichen und für alle Personengemeinschaften.[71] *Der Gleichheitssatz gebietet nur, alle Menschen vor dem Gesetz als gleich zu behandeln.*[72] *Art. 3 I GG wirkt international. Er gilt für alle Menschen und damit auch für Ausländer.*[73] *Eine Ungleichbehandlung nach Art. 3 I GG liegt vor, wenn wesentlich Gleiches ungleich behandelt wird.*[74] *Darüber hinaus sieht das BVerfG einen Verstoß auch in der Gleichbehandlung von wesentlich Ungleichem.*[75] *Das Grundrecht aus Art. 3 I GG ist demnach dann verletzt, wenn eine Gruppe von Normadressaten im Vergleich zu anderen Normadressaten ungleich behandelt wird, obwohl zwischen beiden Gruppen keine Unterschiede von solcher Art und solchem Gewicht bestehen, dass sie die ungleiche Behandlung rechtfertigen könnten.*[76] *Eine Beeinträchtigung des Gleichheitsrechts des Betroffenen liegt somit vor, wenn er durch die Ungleichbehandlung benachteiligt wird.*[77] *Eine Ungleichbehandlung liegt außerdem vor, wenn die beiden Vergleichsfälle in den Kompetenzbereich der behandelnden Stelle fallen. Daran fehlt es, wenn die beiden Sachverhalte von zwei verschiedenen Trägern öffentlicher Gewalt gestaltet werden; der Gleichheitssatz bindet*

[71] BVerfGE 6, 91.
[72] BVerfGE 11, 203.
[73] BVerfGE 30, 412.
[74] BVerfGE 1, 14, 52.
[75] BVerfGE 72, 141, 150.
[76] Schmidt-Bleibtreu/Klein, Art. 3 Rn. 14.
[77] Jarass/Pieroth, Art.3 Rn.9.

jeden Träger öffentlicher Gewalt allein in dessen konkreten Zuständigkeitsbereich.[78] *Ein Land verletzt daher den Gleichheitssatz nicht deshalb, weil ein anderes Land den gleichen Sachverhalt anders behandelt.*[79] *Art. 3 I GG verlangt demzufolge einen Vergleich von Lebensverhältnissen, die nie in allem, sondern stets nur in einzelnen Punkten gleich sind.*[80] *Hierbei müssen sich die betroffenen Gruppen unter einem gemeinsamen Oberbegriff (genus proximum) subsumieren lassen.*[81] *Zu vergleichen ist hier die Behandlung der Schüler von Volksschulen im Bundesland XY mit der Behandlung der Schüler der weiterführenden Schulen des gleichen Bundeslandes und der Schulen der anderen Bundesländer.*

a) Vergleich der Sachverhalte

Die zu vergleichenden Sachverhalte müssten in einzelnen Punkten wesentlich übereinstimmen.[82] Die Sachverhalte sind insofern gleich, als dass es um die Behandlung von Schülern in den einzelnen Schulen geht. Ein Unterschied besteht allerdings darin, dass zum einen verschiedene Schulen, Volksschulen und weiterführende Schulen, in demselben Bundesland verglichen werden und zum anderen die Volksschulen des einen Bundeslandes mit denen der anderen Bundesländer.

b) Vorliegen einer Ungleichbehandlung

Es ist also zu prüfen, ob eine Ungleichbehandlung unter den Schülern der verschiedenen Schulen vorliegt. Die Schüler der Volksschulen im Bundesland XY werden im Gegensatz zu den Schülern anderer Schulen dadurch ungleich behandelt, dass sie mit einem Kreuz in ihren Klassenräumen konfrontiert werden und die anderen nicht. Diese Ungleichbehandlung müsste den Gleichheitssatz des Art. 3 I GG verletzen. Dieser ist beeinträchtigt, wenn der Betroffene durch die Ungleichbehandlung benachteiligt wird.[83] Ob die Benachteiligung geringfügig oder gewichtig ist, spielt keine Rolle.[84] S ist durch den Kreuzzwang den anderen Schülern gegenüber benachteiligt, wodurch eine Ungleichbehandlung begründet ist. Fraglich ist nun, ob § 7 SG den allgemeinen Gleichheitssatz des Art. 3 I GG verletzt haben könnte. Gemäß Art. 70 I GG steht den Ländern die Gesetzgebungskompetenz für die Regelung des Schulwesens zu. Art. 3 I GG gebietet daher nicht, dass Angehörige eines Landes vom Landesgesetzgeber so zu behandeln sind wie die Angehörigen eines anderen Landes durch den dortigen

[78] BVerfGE 21, 54, 68.
[79] BVerfGE 16, 6, 24.
[80] Schmidt-Bleibtreu/Klein,Art. 3 Rn. 14.
[81] Pieroth/Schlink, StaatsR II, Rn.465.
[82] BVerfGE 49, 148, 165.
[83] BVerfGE 67, 239, 244.
[84] BVerfGE 71, 39, 50.

Landesgesetzgeber.[85] Daraus folgt, dass eine Verletzung des Art. 3 I GG nur in der Ungleichbehandlung der Volksschulen und der weiterführenden Schulen innerhalb des Bundeslandes XY vorliegen könnte.

c) Sachlicher Rechtfertigungsgrund

Eine Ungleichbehandlung vergleichbarer Sachverhalte verletzt nur dann Art. 3 I GG, wenn dies willkürlich geschieht.[86] Da Willkür das Fehlen eines sachlichen Grundes bedeutet, verlangt die verfassungsrechtliche Rechtfertigung für die Ungleichbehandlung einen solchen Rechtfertigungsgrund[87], der sich aus der gesetzlichen Differenzierung ergeben muss. Ein solcher Grund liegt also vor, wenn Differenzierungsziel und Differenzierungskriterium verfassungsgemäß sind, und zwischen diesen ein sachgerechtes Verhältnis gefunden wird.

aa) Differenzierungsziel

Das Aufhängen der Kreuze in den Klassenräumen der Volksschulen und die daraus resultierende Ungleichbehandlung müsste auf ein verfassungsmäßig zulässiges Ziel gerichtet sein.[88] Gemäß Art. 7 I GG kommt der Staat durch das Aufhängen der Kreuze in den Klassenräumen seinem Bildungs- und Erziehungsauftrag nach, womit ein verfassungsmäßig zulässiges Ziel vorliegt.

bb) Differenzierungskriterium

Ebenfalls müsste ein verfassungsmäßig zulässiges Differenzierungskriterium der Ungleichbehandlung zugrunde liegen. Als Differenzierungskriterium kommt jede vernünftige Erwägung in Betracht, wobei eine objektive Betrachtung geboten ist.[89] Eine zulässige Erwägung kann nicht nur im eigentlichen Zweck der betreffenden Regelung liegen, sondern auch in der Praktikabilität der Regelung.[90] Eine objektive und zulässige Erwägung im vorliegenden Fall wäre, dass Volksschulen und weiterführende Schulen unterschiedliche Bildungs- und Erziehungsziele anstreben. Damit könnte erklärt werden, dass der Staat der Auffassung ist, in den weiterführenden Schulen bräuchte er den Schülern mit Hilfe eines Kreuzes nicht mehr vor Augen halten, dass es traditionell Alternativen zum modernen Werteverfall gibt. Neben dem zulässigen Differenzierungsziel liegt also auch ein zulässiges Differenzierungskriterium vor.

---

[85] Model/Müller, Grundgesetz, 11.Auflage 1996, Art. 3 Rn. 7.

[86] BVerfGE 1, 14, 52.

[87] Pieroth/Schlink, StaatsR II, Rn.472.

[88] Jarass/Pieroth, Art. 3 Rn. 15.

[89] BVerfGE 51, 1, 27.

[90] BVerfGE 17, 337, 354.

cc) Sachgerechtes Verhältnis zwischen Ziel und Kriterium

Das zulässige Differenzierungskriterium müsste zur Rechtfertigung der Ungleichbehandlung herangezogen werden können. Hierbei muss es im angemessenen Verhältnis zum Differenzierungsziel, also zum Wert des Zwecks stehen.[91] Voraussetzung dafür ist, dass das Differenzierungskriterium geeignet sein muss, die Ungleichbehandlung in ihrem gesamten Ausmaß zu rechtfertigen und damit das Differenzierungsziel zu erreichen.[92] Der vom Staat durch Art. 7 I GG begründete Erziehungsauftrag ist durch das Aufhängen der Kreuze in Klassenräumen von Volksschulen geeignet, den Schülern traditionell Alternativen zum modernen Werteverfall vor Augen zu halten. Weiterhin muss ein innerer Zusammenhang zwischen den vorgefundenen Verschiedenheiten und der differenzierenden Regelung bestehen.[93] Die Unterschiede müssen so gewichtig sein, dass die Ungleichbehandlung gerechtfertigt ist.[94] Es kann davon ausgegangen werden, dass die Schüler in weiterführenden Schulen durch ihr höheres Alter reifer sind als die Schüler in Volksschulen und dadurch auch von schulischer Seite aus eine andere Behandlung und Erziehung erfahren können als jüngere Schüler. Dies rechtfertigt den Staat dazu, auch für die verschiedenen Jahrgänge in unterschiedlichen Schulen unterschiedliche Erziehungsziele zu verfolgen, wodurch eine Ungleichbehandlung der Schüler der einzelnen Schulen ebenfalls gerechtfertigt ist und eine angemessene Verhältnismäßigkeit gegeben ist.

2. Zwischenergebnis

Es liegt keine Ungleichbehandlung i.S.d. Art. 3 I GG vor. Der allgemeine Gleichheitssatz ist nicht verletzt.

IV. Zwischenergebnis

Die Verfassungsbeschwerde des S, vertreten durch seine Eltern M und V, ist begründet.

C. Ergebnis

§ 7 SG verletzt S in seinen Grundrechten aus Art. 4 I GG. Die Verfassungsbeschwerde des S ist zulässig und begründet und hat somit Aussicht auf Erfolg.

---

[91] Ipsen, StaatsR II, Rn. 813.
[92] BVerfGE 51, 1, 28.
[93] BVerfGE 71, 39, 58.
[94] BVerfGE 82, 126, 146.

Die Verfassungsbeschwerde der Eltern M und V

M und V streben ebenso wie ihr Sohn S das Ziel an, das Abhängen der Kreuze in den Klassenräumen mit Hilfe einer Verfassungsbeschwerde gemäß Art. 93 I Nr. 4a GG, §§ 13 Nr. 8a, 90, 92, 93 BVerfGG durchzusetzen. Dazu müsste ihre Verfassungsbeschwerde zulässig und begründet sein.

A. Zulässigkeit

Die Verfassungsbeschwerde ist zulässig, wenn die in Art. 93 I Nr. 4a GG, §§ 13 Nr. 8a, 90, 92, 93 BVerfGG genannten Voraussetzungen vorliegen. Von einem ordnungsgemäßen Antrag[95], sowie vom Vorliegen eines tauglichen Beschwerdegegenstandes (§ 7 SG) und der Prozessfähigkeit von M und V[96], ist auszugehen.

I. Parteifähigkeit

M und V müssten parteifähig sein.[97] M und V behaupten, sie seien in ihrem religiösen Erziehungsrecht nach Art. 6 II S. 1 GG i. V. m Art.4 I GG verletzt. Diese Grundrechte stehen allen natürlichen Personen zu. M und V sind inländische natürliche Personen und damit parteifähig.

Eine erneute Definition der einzelnen Begriffe ist nicht mehr erforderlich. Es genügt vielmehr ein Verweis nach oben.

II. Beschwerdebefugnis

M und V müssten gemäß Art. 93 I Nr. 4a, § 90 I BVerfGG beschwerdebefugt sein, wobei sie zunächst eine Grundrechtsverletzung behauptet haben müssten. M und V sind der Auffassung, dass es allein ihre Aufgabe sei, über ihre Werte und deren Verfall zu entscheiden. Der Staat solle sich einer religiösen Indoktrination durch die aufdringliche Präsenz kirchlicher Symbole enthalten. Damit zeigen sie, dass sie sich in ihren Grundrechten aus Art. 6 II S. 1 GG i. V. m. Art. 4 I GG verletzt fühlen. Zudem müssten M und V durch § 7 SG selbst gegenwärtig und unmittelbar betroffen sein.

1. Selbstbetroffenheit

M und V müssten von der behaupteten Grundrechtsverletzung selbst betroffen sein. Es könnte an der Selbstbetroffenheit von M und V fehlen, da nicht sie, sondern ihr Sohn S tagtäglich mit dem Kreuz in seinem Klassenraum konfrontiert wird. Allerdings werden die persönlichen religiösen Erziehungsvorstellungen von M und V, gerichtet auf ihren Sohn S, dadurch beeinträchtigt, dass er in der Schule dem Kreuz ausgesetzt ist. Angesichts der Tatsache, dass S mit 10 Jahren noch nicht vollständig religionsmündig ist, werden M und V noch in ihrer

---

95 vgl. A.I.

96 vgl. A II.

97 vgl. oben A III.

religiösen Erziehung grundrechtlich geschützt. Das Erziehungsrecht der Eltern tritt erst mit Eintritt der Religionsmündigkeit des Kindes hinter dessen Glaubensfreiheit zurück.[98] Da S noch nicht voll religionsmündig ist, darf er in Glaubensfragen auch noch nicht selbst entscheiden, womit gesagt ist, dass das Erziehungsrecht von M und V nicht hinter das Recht des S, in solchen Angelegenheiten selbst zu entscheiden, zurücktritt. M und V sind damit selbst von der behaupteten Grundrechtsverletzung betroffen.

2. Gegenwärtige und unmittelbare Betroffenheit

Von der behaupteten Grundrechtsverletzung müssten M und V gegenwärtig und unmittelbar betroffen sein.[99] M und V sind von der behaupteten Grundrechtsverletzung gegenwärtig und unmittelbar betroffen.

3. Zwischenergebnis

M und V sind beschwerdebefugt.

III. Erschöpfung des Rechtswegs

Der Rechtsweg müsste erschöpft sein, was heißt, dass M und V keine andere Möglichkeit haben dürften, als dass sie ihr Ziel erreichen, ohne das BVerfG anzurufen.[100] M und V hätten Möglichkeiten, gegen die angegriffene Maßnahme den Rechtsweg zu den Fachgerichten zu beschreiten. Ihr Sohn S ist jedoch gezwungen, sich täglich dem Kreuz in seinem Klassenraum zu fügen, was entgegen der religiösen Ansichten von M und V ist. Es ist ihnen allen nicht zuzumuten, andere Rechtswege einzuschlagen und zu erschöpfen, so dass gleich das BVerfG auch bei der Verfassungsbeschwerde von M und V entscheiden kann.

IV. Form und Frist

M und V müssten bei Einreichung der Verfassungsbeschwerde die Form gewahrt[101] und die Frist eingehalten[102] haben. Davon ist hier auszugehen.

V. Zwischenergebnis

Die Verfassungsbeschwerde von M und V ist zulässig.

---

[98] BVerfGE 15, 134, 138.

[99] vgl. A V 4.

[100] vgl. A VI.

[101] vgl. A VIII.

[102] vgl. A IX.

B. Begründetheit

Die Verfassungsbeschwerde müsste gemäß Art. 93 I Nr. 4a GG begründet sein Begründet ist diese von M und V, wenn sie tatsächlich in ihren Grundrechten aus Art. 6 II S. 1 GG i. V. m. Art. 4 I GG verletzt sind.[103]

I. Eingriff in den Schutzbereich des Art. 6 II S. 1 GG i. V. m. Art. 4 I GG

M und V könnten in ihren Grundrechten aus Art. 6 II S. 1 GG i. V. m. Art. 4 I GG dadurch verletzt sein, dass Kreuze in den Klassenräumen der Volksschulen des Bundeslandes XY aufgehängt wurden. Dazu müsste der Schutzbereich des Art. 6 II S. 1 GG betroffen sein.[104]

1. Betroffenheit des Schutzbereiches

Das Elternrecht ist gemäß Art. 6 II S. 1 GG nicht nur ein Grundrecht, sondern auch eine Pflicht der Eltern.[105] Art. 6 II S. 1 GG garantiert den Eltern gegenüber dem Staat den Vorrang als Erziehungsträger.[106] Das Elternrecht umfasst die Pflege, das heißt die Sorge für das körperliche Wohl, und die Erziehung, die die Sorge für die seelische und geistige Entwicklung, die Bildung und Ausbildung der minderjährigen Kinder beinhaltet, insgesamt die umfassende Verantwortung für die Lebens- und Entwicklungsbedingungen des Kindes.[107] Darin ist das Recht von M und V enthalten, ihren Sohn auch in weltanschaulich-religiöser Hinsicht zu erziehen. Es ist Sache der Eltern, ihren Kindern diejenigen Überzeugungen in Glaubens- und Weltanschauungsfragen zu vermitteln, die sie für richtig halten.[108] Der Staat verfolgt mit dem Aufhängen der Kreuze in den Klassenräumen des Bundeslandes XY ein religiös-weltanschauliches Erziehungsziel, was auch den Eltern zusteht. Die Erziehungsmaßnahme durch den Staat trifft daher den Schutzbereich des Art. 6 II S. 1 GG i. V. m. Art. 4 I GG. Zu klären ist, ob die Betroffenheit auch einen tatsächlichen Eingriff in den Schutzbereich darstellt.

2. Eingriff in den Schutzbereich

Art. 6 II S. 1 GG garantiert den Eltern die Pflege und Erziehung ihrer Kinder als natürliches Recht. Dem entspricht auch das Recht, die Kinder von Glaubensüberzeugungen fernzuhalten, die den Eltern falsch oder schädlich erscheinen. S unterliegt der allgemeinen Schulpflicht,

---

[103] vgl. B.

[104] Schutzbereich des Art. 4 I GG vgl. oben A II 1.

[105] Jarass/Pieroth - GG, 1995 - Art. 6 Rn. 31.

[106] BVerfGE 72, 122 ff.

[107] Jarass/Pieroth - GG, 1995 - Art. 6 Rn. 32.

[108] BVerfGE 41, 29, 44, 47 f.

so dass M und V kaum Möglichkeiten haben, ihren Sohn vor der Konfrontation mit dem Kreuz in der Schule zu schützen. M und V hätten allerdings die Möglichkeit gemäß Art. 7 IV GG, ihren Sohn auf eine private Schule zu schicken, was möglicherweise aber an der Finanzierung solch einer Schulausbildung scheitern könnte. M und V haben keine Möglichkeit, ihren Sohn vor dem Kreuz zu bewahren, womit ein Eingriff in den Schutzbereich der Art. 6 II S. 1 GG i. V. m. Art.4 I GG durch Vorhandensein des § 7 SG vorliegt.

II. Verfassungsrechtliche Rechtfertigung des Eingriffs

Der Eingriff in den Schutzbereich des Art. 6 II S.1 GG und des Art. 4 I GG könnte verfassungsrechtlich gewährleistet sein. Voraussetzung dafür wäre, dass für den Eingriff eine gesetzliche Eingriffsgrundlage vorhanden ist.[109] Art. 6 II S. 1 GG und Art. 4 I GG enthalten keine Eingriffsgrundlagen, sie sind vorbehaltlose Gesetze. In Betracht kommen hier als verfassungsimmanente Schranken ebenfalls der staatliche Bildungs- und Erziehungsauftrag gemäß Art. 7 I GG und die Religionsfreiheit der Schüler und Eltern, die für das Aufhängen der Kreuze in den Klassenräumen sind.

1. Formelle Verfassungsmäßigkeit

§ 7 SG des Bundeslandes XY müsste als streitgegenständliches Gesetz formell verfassungsmäßig sein. Es ist davon auszugehen, dass das Gesetz verfassungsgemäß zustande gekommen ist.[110]

2. Materielle Verfassungsmäßigkeit

Weiterhin müsste § 7 SG auch materiell verfassungsgemäß sein. § 7 SG beinhaltet einen legitimen Zweck, wobei dieses Gesetz auch geeignet und erforderlich ist, damit dieser Zweck erreicht werden kann.[111] Dabei muss beachtet werden, dass § 7 SG in einem angemessenen Verhältnis zwischen der Beeinträchtigung von M und V durch dieses Gesetz und zwischen dem bezweckten Ziel steht, dass der Staat mit diesem Gesetz anstrebt. Folglich hat eine Abwägung zwischen den betroffenen Interessen stattzufinden.

a) Erziehungsrecht von M und V (Art. 6 II S.1 GG) --- Staatlicher Bildungs- und Erziehungsauftrag (Art. 7 I GG)

Der staatliche Erziehungsauftrag in der Schule ist dem elterlichen Erziehungsrecht gleichgeordnet[112], wobei der Staat bei der Festlegung der Erziehungsziele von den Eltern unabhängig ist. Dabei muss der Staat

[109] vgl. B II.
[110] vgl. B II 1.
[111] vgl. B II 2.
[112] BVerfGE 34, 165, 182 f.

aber darauf achten, dass der Unterricht in Klassen mit Schülern verschiedener Konfession und Weltanschauung nicht an die Glaubensinhalte einzelner christlicher Bekenntnisse gebunden werden[113] und nicht im Dienste einer bestimmten politischen, ideologischen oder weltanschaulichen Richtung indoktriniert werden.[114] Aufgrund der Schulpflicht des S, sind M und V gezwungen, ihren Sohn entgegen ihren religiösen Ansichten mit dem Kreuz zu konfrontieren. Auch mit dem Gebot der praktischen Konkordanz kann hier kein schonender Ausgleich zwischen den widerstreitenden Rechtspositionen gefunden werden. § 7 SG ist somit unvereinbar mit Art. 6 II S. 1 GG i. V. m. Art. 4 I GG und damit auch nicht durch Art. 7 I GG gerechtfertigt.

b) Erziehungsrecht von M und V (Art. 6 II S. 1 GG) --- Positive Religionsfreiheit anderer Schüler und Eltern (Art. 4 I GG)

In der Schule bleibt es nicht aus, dass täglich Schüler aufeinandertreffen, die von ihren Eltern unterschiedliche Erziehungsansichten mit Hilfe ganz verschiedener Erziehungsmaßnahmen mitgeteilt bekommen. Bezogen auf die positive und negative Religionsfreiheit ist es in einer Institution wie der Schule schwierig, allen Ansichten und Überzeugungen gerecht zu werden und ihnen in gleichem Maße Rechnung zu tragen. Deshalb kann sich niemand ganz ohne Einschränkung auf Art. 6 II S. 1 GG i. V. m. Art. 4 I GG berufen. Der entstehende Konflikt, der sich aus der positiven Glaubensfreiheit aller Schüler und Eltern ergibt, kann sich nicht nach dem Mehrheitsprinzip lösen lassen, da gerade das Grundrecht der Glaubensfreiheit den Schutz von Minderheiten bezweckt.[115] Danach tritt das Erziehungsrecht von M und V nicht hinter der positiven Religionsfreiheit anderer Schüler und Eltern zurück. Andersdenkenden müssen trotzdem zumutbare, nicht diskriminierende Ausweichmöglichkeiten gelassen werden. Aufgrund der Schulpflicht wird den Eltern M und V des S aber keine Ausweichmöglichkeit geboten, damit sie ihren Sohn nach ihren Ansichten erziehen können, ohne dass sie gegen die starke Beeinflussung in der Schule durch die Konfrontation mit dem Kreuz ständig ankämpfen müssten. Danach ist das Anbringen der Kreuze in den Klassenräumen durch die positive Religionsfreiheit der anderen Schüler und Eltern, die das Anbringen der Kreuze befürworten, nicht gerechtfertigt.

III. Zwischenergebnis

Die Verfassungsbeschwerde von M und V ist auch begründet.

---

[113] BVerfGE 41, 65, 82 f.
[114] BVerfGE 79, 298, 301 f.
[115] vgl. B II 2 d).

C. Ergebnis

Es liegt eine Verletzung der Grundrechte von M und V aus Art. 6 II S. 1 GG i. V. m. Art. 4 I GG vor. Ihre Verfassungsbeschwerde ist zulässig und begründet. Sie hat somit Aussicht auf Erfolg.

- Ende der Bearbeitung -

SACHVERHALT

3. HAUSARBEIT

Aufgrund der neuesten zahlen des statistischen Bundesamtes zum Güterverkehr sind die für die Ressorts Umwelt und Verkehr zuständigen Minister äußerst beunruhigt. Während der Anteil der Bundesbahn am Güterverkehr 80,8 Milliarden Tonnenkilometer beträgt, beläuft sich der Anteil der LKW am Gesamtaufkommen der Gütertransporte auf 202,9 Milliarden Tonnenkilometer. Die Tendenz der Bundesbahn ist dabei rückläufig. Allein im Jahr 1994 verlor sie 11,5 % ihres Frachtaufkommens an die Straßentransporteure. Der Grund für diese Verlagerung liegt darin, dass die Bahn im Preiskampf mit den Spediteuren unterlegen ist. Die günstigeren Preise der Straßentransporteure beruhen darauf, dass diese in der Regel nicht die Folgen der durch sie verursachten Umweltschäden, wie Luftverschmutzung, Verkehrslärm und Landschaftsverbrauch zu tragen haben, sondern auf die Allgemeinheit abwälzen. Schätzungen bezüglich der Höhe dieser durch die Straßentransporteure verursachten, aber nicht getragenen Kosten, gehen hin bis zu dreistelligen Milliardensummen. Wegen der Verschiebung in der Güterstruktur zu kleinen Sendungsgrößen und höherem Streuverkehr wird für die Zukunft eine weitere Begünstigung der Straßentransporteure vermutet. Um das Defizit der Bundesbahn nicht weiter anwachsen zu lassen und den Erfolg der Privatisierung der Bundesbahn nicht zu gefährden, wollen die Minister die Rahmenbedingungen für den „ökologisch besseren Verkehrsträger" durch folgenden Gesetzentwurf zur Änderung des Güterkraftverkehrsgesetzes verbessern:

Gütertransporte durch LKW über Distanzen von mehr als 100 km sind ab Inkrafttreten nur noch im sog. „Huckepack-Verfahren", d.h. im kombinierten Verkehr mit der Bahn möglich. Beträgt bei einem Gütertransport die Entfernung zum Zielort mehr als 100 km, so sollen in Zukunft die Güter per LKW zu einem nicht weiter als 100 km entfernten Umschlagbahnhof transportiert werden, um dort mit dem LKW selbst oder in Containern auf die Bahn verladen und zu einem Umschlagbahnhof transportiert werden, der wiederum nicht mehr als 100 km vom endgültigen Bestimmungsort entfernt sein darf. Ausnahmen sind für solche Gebiete vorgesehen, deren Schienennetz nicht die erforderliche Dichte aufweist und eine strikte Anwendung der neuen Bedingungen nicht zulässt. Während einer Übergangszeit von 8 Jahren ab Inkrafttreten ist es den im Straßentransport tätigen Frachtunternehmen und Speditionen erlaubt, noch bestehende Verträge zu erfüllen. Ein Gütertransport, der gegen die Bestimmungen über das „Huckepack-Verfahren" verstößt, wird als Ordnungswidrigkeit mit einem Bußgeld belegt. Das Gesetz soll von den Ländern ausgefertigt werden und enthält keine Vorschriften bezüglich des Verwaltungsverfahrens oder der Einrichtung von Behörden.

Die Begründung für den Gesetzentwurf lautet wie folgt:

Eine zwangsweise Verlagerung des Güterfernverkehrs von der Straße auf die Schiene sei erforderlich, da andernfalls, angesichts des stetig wachsenden Verkehrsaufkommens im Gütertransport ein Verkehrsinfarkt auf Autobahnen und Bundesstraßen in der Zukunft zu erwarten sei. Es handele sich auch um einen Beitrag zum Umweltschutz und zur Verkehrssicherheit, da im Vergleich zum hohen Schadstoffausstoß durch LKW die Bahn das bei weitem ökologisch überlegene und bei weitem sicherste Transportmittel sei. Außerdem seien Transporte mit der Bahn mit enormen Energieersparnissen gegenüber Straßentransporten verbunden. Schließlich trage das Gesetz zur Sicherung der Existenz der Bundesbahn bei. Diese sei nach der Bahnreform besonders auf staatlichen Schutz angewiesen. Nur eine bundeseinheitliche Regelung ermögliche eine wirksame Verfolgung der mit dem Gesetz angestrebten Ziele. Die Regelung bedeute zwar einen schwierigen Anpassungs- und Konzentrationsprozess für das Güterkraftverkehrsgewerbe, da langfristig etwa 40 % der bestehenden Unternehmen zur Geschäftsaufgabe oder Fusionierung gezwungen sein könnten. Dies sei aber im Interesse der Allgemeinheit hinzunehmen.

Um Zeit zu sparen, bitten die Minister den Fraktionsvorsitzenden der X-Partei, der sie selbst auch angehören, den Gesetzentwurf im Bundestag einzubringen, statt ihn – wie ursprünglich geplant – als Gesetzesvorhaben der Bundesregierung auf den Gesetzgebungsweg zu bringen. Der Gesetzentwurf wird von der X-Partei, die die Mehrheit der Mandate im Deutschen Bundestag innehat, eingebracht und vom Bundestag verabschiedet. Nach Ausfertigung durch den Bundespräsidenten tritt das Gesetz am 01.07.1995 in Kraft.

Die Brummi-GmbH, eine Spedition, die mit mehreren LKW den Ferntransport von Gütern übernimmt, hält das Gesetz für verfassungswidrig. Die Speditionen und Frachtführer im Güterkraftverkehr seien von Güterferntransporten abhängig. Ihnen werde ihre wirtschaftliche Existenz entzogen, so dass es im Allgemeinen nicht möglich sei, weiter von der Gewerbefreiheit Gebrauch zu machen. Die Brummi-GmbH selbst sei angesichts der nach Inkrafttreten des Gesetzes, insbesondere nach Ablauf der Übergangsregelung, bald zur Geschäftsaufgabe gezwungen. Sie sei auf die Straßenbenutzung wirtschaftlich angewiesen. Das Gesetz greife außerdem unzulässig in den Wettbewerb zwischen Straße und Schiene ein, indem es ein Monopol der Bundesbahn im Güterfernverkehr schaffe.

Die Brummi-GmbH ist weiterhin der Auffassung, dass das Gesetz auch in der Sache verfehlt sei. Der drohende Verkehrsinfarkt, die Umweltbelastung durch den Straßenverkehr und die steigenden Verkehrsunfallzahlen seien überwiegend auf die stetige Zunahme des PKW-Verkehrs zurückzuführen. Eine Einschränkung des Privatverkehrs mit PKW sei volkswirtschaftlich wesentlich sinnvoller und dem privaten Personenverkehr auch eher als dem gewerblichen Güterverkehr zuzumuten.

Die Brummi-GmbH fragt, ob es Wege gibt, rechtlich gegen das Gesetz vorzugehen und ob ein solches Vorgehen erfolgversprechend sei.

Inhaltsverzeichnis

hier ein typischer Mangel in der Gliederung: jedem 1. **muss** ein 2. und jedem a) ein b) usw. folgen!

Gutachten

Fraglich ist, ob die Brummi-GmbH rechtliche Möglichkeiten hat, gegen das neue Güterkraftverkehrsgesetz[1] vorzugehen.

In Betracht kommt eine Rechtssatzverfassungsbeschwerde.

Nach Art. 93 I Nr. 4 a GG[2], §§ 13 Nr. 8 a, 90 ff. BVerfGG[3] entscheidet das Bundesverfassungsgericht über Verfassungsbeschwerden. Um Aussicht auf Erfolg zu haben, müsste sie zulässig und begründet sein.

A. Zulässigkeit

Die Verfassungsbeschwerde ist zulässig, wenn die in den §§ 13 Nr. 8 a, 23, 90 ff. festgelegten Sachentscheidungsvoraussetzungen erfüllt sind.

I. Beschwerdefähigkeit

Die Brummi-GmbH ist beschwerdefähig, sofern sie partei- und prozessfähig ist.

1. Parteifähigkeit

Die Beschwerdeführerin müsste parteifähig sein.

Nach Art. 93 I Nr. 4 a und § 90 I kann "jedermann" Verfassungsbeschwerde erheben, wenn er behaupten kann, in einem seiner Grundrechte oder grundrechtsgleichen Recht verletzt zu sein. Fähig, Verfassungsbeschwerde einzulegen, ist derjenige, der eines der in Art. 93 I Nr. 4 a und § 90 I genannten Rechts sein kann.[4]

Dies sind alle natürlichen Personen und nach Art. 19 III alle inländischen juristischen Personen[5] des Privatrechts, soweit die Grundrechte ihrem Wesen nach auf diese anwendbar sind.

Ob eine juristische Person im Sinne des Art. 19 III inländisch oder ausländisch ist, richtet sich nach ihrem selbst gewählten tatsächlichen Aktionszentrum, das mit dem satzungsgemäßen Sitz der Hauptverwaltung nicht übereinstimmen muss.[6]

Die Brummi-GmbH ist eine juristische Person des Privatrechts.

---

[1] Im weiteren Verlauf GüKG genannt.

[2] Folgende Artikel sind solche des GG.

[3] Folgende §§ sind, sofern sie nicht anders gekennzeichnet sind, solche des BVerfGG.

[4] BVerfGE 21, 362, 367; Umbach/Clemens/*Ruppert*, § 90, Rn. 17; Gusy, Rn. 43.

[5] Umbach/Clemens/*Ruppert*, § 90, Rn. 30; Gusy, Rn. 44; Weber, JuS 1992, 122, 123.

[6] v.Mangoldt/Klein/Starck Art. 19, Rn. 296 ff.

Es ist zu unterstellen, dass sie ihr tatsächliches Aktionszentrum in der Bundesrepublik Deutschland hat. Sie ist demnach inländisch im Sinn des Art. 19 III. Die von der Brummi-GmbH geltend gemachten Grundrechte oder grundrechtsgleichen Rechte müssten gemäß Art. 19 III ihrem Wesen nach auf juristische Personen anwendbar sein.

Die wesensmäßige Abhängigkeit der von ihr vorgebrachten Grundrechte richtet sich danach, ob diese nicht nur individuell, sondern auch korporativ ausgeübt werden können.[7]

Die jeweils in Betracht kommenden Grundrechte – hier Art 2 I, Art. 3 I, Art. 12 I und Art. 14 I – dürfen nicht an natürlichen Qualitäten des Menschen anknüpfen, die einer juristischen Person notwendig fehlen.[8]

Die Beteiligtenfähigkeit ist problematisch bei:

-jur. Personen

-nicht. rechtsfähigen Vereinigungen

-Verstorbenen

-Ungeborenen

a) Art. 2 I

Art. 2 I müsste auf juristische Personen anwendbar sein. Bei der Frage, ob Art. 2 I über Art. 19 III auf juristische Personen des Privatrechts anwendbar ist, muss darauf abgestellt werden, ob die praktisch werdende jeweilige Erscheinungsform der allgemeinen Handlungsfreiheit "ihrem Wesen nach" nur als individuelles oder auch als kollektives Freiheitsrecht gedacht werden kann.[9]

Die Brummi-GmbH beruft sich auf die Freiheit, sich wirtschaftlich zu betätigen. Dieser Freiheitsbereich kann im o.g. Sinn kollektiv wahrgenommen werden. Art. 2 I ist daher wesensmäßig auf die Beschwerdeführerin anwendbar.

b) Art. 3 I

Nach ständiger Rechtsprechung[10] und absolut herrschender Meinung[11] ist der allgemeine Grundsatz der Gleichbehandlung nach Art. 3 I auf juristische Personen anwendbar.

c) Art. 14 I

Nach absolut herrschender Meinung[12] ist Art. 14 I auf juristische Personen anwendbar. In der Vermögensfähigkeit zeige sich die stärkste Übereinstimmung zwischen natürlichen und juristischen Personen.[13] Sie sei gerade die prototypische Eigenschaft des Privatrechts.[14] Demnach ist Art. 14 I auf die Brummi-GmbH anwendbar.

---

[7] BVerfGE 42, 219, 219; Maunz/Dürig, Art. 19 III, Rn. 32; Gusy, Rn. 49.

[8] Pieroth/Schlink, Rn. 166.

[9] Maunz/Dürig, Art. 2 I, Rn. 10.

[10] BVerfGE 4, 7, 12; 6, 91, 91.

[11] v. Mangoldt/Klein/Stark, Art. 3, Rn. 159; v. Münch/Kunig-Gubelt, Art. 3, Rn. 12.

[12] BVerfGE 4, 7, 17; 50, 290, 321.

[13] Isensee/Kirchhof, § 118, Rn. 55.

[14] Isensee/Kirchhof, § 118, Rn. 55.

d) Art. 12 I

Art. 12 I müsste auf juristische Personen anwendbar sein.

aa) Mindermeinung in der Literatur

Eine Ansicht in der Literatur[15] verneint die Anwendung des Art. 12 I auf juristische Personen. In dem Begriff "Beruf" sei ein persönliches Moment enthalten, das nur natürlichen Personen zukommen könne.

Die juristische Person sei lediglich ein Organisationsmittel im Rahmen der beruflichen Betätigung eines Unternehmers und daher ihrem Wesen nach ungeeignet, Träger der Berufsfreiheit zu sein.[16]

Das fallbezogene Ergebnis der jeweiligen Meinung ist am Ende der Darstellung derselben darzulegen.

Dieser Auffassung entsprechend könnte sich die Brummi-GmbH nicht auf Art. 12 I berufen.

bb) Rechtsprechung und Literatur

Nach der Rechtsprechung[17] und der herrschenden Meinung[18] ist Art. 12 I auf juristische Personen des Privatrechts grundsätzlich anwendbar.

Obwohl sie keinen Beruf im herkömmlichen Sinne haben könnten, seien, sie doch insoweit als Subjekte des Grundrechts anzusehen, als eine bestimmte, Erwerbszwecken dienende Tätigkeit, insbesondere ein Gewerbe, ihrer Art nach in gleicher Weise von einer juristischen wie von einer natürlichen Person ausgeübt werden könne.[19]

Nach der herrschenden Meinung könnte sich die Brummi-GmbH auf Art. 12 I berufen.

cc) Stellungnahme

In der Stellungnahme sollten wie hier jeweils die Argumente dargestellt werden, die für und die gegen die angeführte Meinung sprechen.

So kann man das auserwählte Ergebnis gut und einleuchtend begründen.

Die Brummi-GmbH ist fähig, eine wirtschaftliche Tätigkeit auszuüben, die bei natürlichen Personen als Beruf angesehen wird.

Erscheinungsformen des beruflichen Lebens, z, B die Berufsaufnahme, können bei ihr ebenso gegeben sein.

Da die Brummi-GmbH gerade vielfältige Möglichkeiten beruflicher und gewerblicher Betätigung bietet, muss sie sich auf Art. 12 I berufen können. Der herrschenden Meinung ist daher zu folgen.

---

[15] Haußleiter, DÖV 1952, 496, 497; AK-Rittstieg, Art. 12, Rn. 167;

[16] AK-Rittstieg, Art. 12, Rn. 167.

[17] BVerfGE 21, 261, 266; 22, 380, 383.

[18] Jarass/Pieroth, Art. 12, Rn. 10a; Maunz/Dürig, Art. 12, Rn. 106; v. Münch/Gubelt, Art. 12, Rn. 6; Battis/Gusy, Rn. 387; Erichsen, Jura 1980, 551, 552.

[19] v. Münch/Gubelt, Art. 12, Rn. 6.

Folglich ist auch Art. 12 I wesensmäßig auf die Brummi-GmbH anwendbar. Die Brummi-GmbH ist Grundrechtsträger der Art. 2 I, 3 I, 12 I, 14 I und somit beteiligtenfähig.

2. Prozessfähigkeit

Sie müsste auch prozessfähig sein.

Prozessfähigkeit ist die Fähigkeit, die Verletzung der in § 90 genannten Rechte vor dem BVerfG geltend machen zu können.[20]

Juristische Personen sind entsprechend allgemein prozessrechtlichen Grundsätzen nicht selbst prozessfähig, weshalb die Vertretung durch die gesetzlichen Vertreter geboten ist.[21]

Die Brummi-GmbH kann gem. § 35 I GmbHG Prozesshandlungen durch einen Vertreter vornehmen lassen. Diese Vertretung ist gemäß § 22 vor dem BVerfG gestattet. Sie ist gerade aus diesem Grund prozessfähig. Die Brummi-GmbH ist beschwerdefähig.

II. Beschwerdegegenstand

Für eine Verfassungsbeschwerde müsste ein zulässiger Beschwerdegegenstand vorliegen.

Bei dem Beschwerdegegenstand müsste es sich gemäß § 90 I um eine Maßnahme der öffentlichen Gewalt handeln, die im Unterschied zur Auslegung des Art. 19 IV nicht nur Akte der vollziehenden Gewalt, sondern auch die der Rechtsprechung, vgl. §§ 94 III, 95 II, und die der Gesetzgebung, vgl. §§ 93 III, 94 IV, umfasst.[22]

Hier soll mit dem GüKG ein formelles Bundesgesetz und damit ein im Verfassungsbeschwerdeverfahren zulässiger Beschwerdegegenstand überprüft werden.

III. Beschwerdebefugnis

Merke:

Für die Beschwerdebefugnis ist die Möglichkeit einer Grundrechtsverletzung notwendig, die den Beschwerdeführer selbst, gegenwärtig und unmittelbar in seiner grundrechtlich geschützten Position betrifft.

Die Brummi-GmbH müsste beschwerdebefugt sein.

1. Möglichkeit einer Grundrechtsverletzung

Hierzu bedarf es nach § 90 I der Behauptung des Antragsstellers, in einem der in § 90 I genannten Rechte verletzt zu sein.

Diese Vorschrift erfordert einen Vortrag, aus dem die Möglichkeit einer solchen Verletzung hervorgeht.[23] Die Behauptung einer Grundrechtsverletzung setzt voraus, dass sich der Beschwerdeführer auf ein

---

[20] BVerfGE 21, 362, 367; Battis/Gusy, Rn. 328; Weber, JuS 1992, 122, 123.

[21] BK-Stern, Art. 93, Rn. 491.

[22] BVerfGE 7, 198, 207; Umbach/Clemens/*Ruppert*, § 90, Rn. 53; Weber, JuS 1992, 122, 124.

[23] Pieroth/Schlink, Rn. 1235; Umbach/Clemens/*Ruppert*, § 90, Rn. 89.

Grundrecht beruft, dessen Verletzung nicht offensichtlich ausgeschlossen ist.[24]

Der Brummi-GmbH ist es untersagt, mit Lkw Güter über eine Entfernung von mehr als 100 km zu transportieren. Das Gesetz hat Auswirkungen auf den Freiheitsbereich, den die Brummi-GmbH wahrnimmt.

Demnach erscheint eine Verletzung der Wirtschaftsgrundrechte der Art. 12 I und Art. 14 I, sowie das Grundrecht der allgemeinen Handlungsfreiheit gemäß Art. 2 I nicht von vornherein ausgeschlossen.

Ferner behauptet die Brummi-GmbH, dass das Gesetz unzulässig in den Wettbewerb zwischen Straße und Schiene eingreife und dass es volkswirtschaftlich sinnvoller sei, den Privatverkehr mit Pkw einzuschränken.

Eine Ungleichbehandlung nach Art. 3 I lässt sich ebenfalls nicht ausschließen.

Eine Grundrechtverletzung der Art. 12 I, 14 I, 3 I und 2 I erscheint möglich.

2. Subjektive Betroffenheit

Weiterhin müsste die Brummi-GmbH selbst, gegenwärtig und unmittelbar durch das GüKG n.F. betroffen sein.

Selbst ist die Beschwerdeführerin betroffen, wenn sie Adressatin des Akts der öffentlichen Gewalt ist.[25]

Das neue Gesetz regelt den Güterfernverkehr, den die Brummi-GmbH betreibt. Folglich ist die Brummi-GmbH eine Adressatin der neuen Norm. Sie ist selbst betroffen.

Gegenwärtige Betroffenheit ist zu bejahen, wenn der Beschwerdeführer schon oder noch betroffen ist. Sie fehlt, wenn der Beschwerdeführer irgendwann einmal in der Zukunft „virtuell" von der gerügten Gesetzesbestimmung betroffen sein könnte.[26] Betroffenheit tritt bei Gesetzen regelmäßig nach Inkrafttreten ein.[27]

Die Brummi-GmbH ist mit Inkrafttreten des Gesetzes seit dem 1. Juli 1995 gegenwärtig betroffen.

Sie müsste auch unmittelbar betroffen sein.

Unmittelbare Betroffenheit liegt vor, wenn die mit der Verfassungsbeschwerde angegriffene Rechtsnorm self-executing ist, es also keines

---

[24] BVerfGE 6, 445, 447; 28, 17, 19; Gusy, Rn. 64.

[25] Gusy, Rn. 102; Pieroth/Schlink, Rn. 1235; Weber, JuS 1995, S. 114, 116.

[26] Pieroth/Schlink, Rn. 1249; Weber, JuS 1992, 122, 125.

[27] Gusy, Rn. 114.

weiteren Vollzugsaktes mehr bedarf, um die Grundrechtsbetroffenheit auszulösen.[28]

Vorliegend soll das neue Gesetz von den Ländern ausgeführt werden. Ein von den Behörden ausgeführtes Verwaltungsverfahren ist notwendig. Das GüKG bedarf eines Vollzugsaktes.

Demnach ist die Brummi-GmbH nicht unmittelbar betroffen.

Die Verfassungsbeschwerde könnte jedoch ausnahmsweise zulässig sein. Das BVerfG[29] lässt eine Verfassungsbeschwerde trotz fehlender unmittelbarer Betroffenheit zu, wenn es dem Beschwerdeführer nicht zugemutet werden darf, an und für sich unnötige Vollzugsakte zu provozieren oder gar das Risiko eines Bußgeldes oder Strafverfahrens einzugehen.

Hier darf von der Brummi-GmbH nicht verlangt werden, durch einen Verstoß gegen das "Huckepack-Verfahren" eine mit einem Bußgeld belegte Ordnungswidrigkeit zu begehen.

Demnach kann die Brummi-GmbH trotz fehlender unmittelbarer Betroffenheit ausnahmsweise Verfassungsbeschwerde erheben.

Die Brummi-GmbH ist auch beschwerdebefugt.

IV. Rechtswegerschöpfung, Subsidiaritätsgrundsatz

Fraglich ist, ob die Brummi-GmbH den Rechtsweg erschöpft und somit den Grundsatz der Subsidiarität beachtet hat.

Die hier dargestellten Prüfungspunkte Rechtswegerschöpfung und Subsidiarität sind besonders in der hiesigen Fallkonstellation wichtig und müssen sorgfältig erörtert werden.

Gem. § 90 II 1 i.V.m. Art. 94 II S. 2 kann eine Verfassungsbeschwerde, soweit gegen Akte der öffentlichen Gewalt der Rechtsweg eröffnet ist, erst nach Erschöpfung des Rechtsweges erhoben werden.

Lange Zeit hat das BVerfG § 90 II für unanwendbar erachtet, wenn sich die Verfassungsbeschwerde unmittelbar gegen ein formelles Gesetz richtete.[30]

Gegen formelle Gesetze war ein direkter Rechtsweg zu den Fachgerichten nicht gegeben.

An die Stelle der Rechtswegerschöpfung trat nach dieser Rechtsprechung für die Rechtssatzverfassungsbeschwerde das - zwar für alle Verfassungsbeschwerden geltende, aber nur für die Rechtssatzverfassungsbeschwerde praktisch bedeutsame Erfordernis der "unmittelbaren Betroffenheit" des Beschwerdeführers durch den angegriffenen Akt öffentlicher Gewalt.[31]

---

[28] Weber, JuS 1195, 114, 116.

[29] BVerfGE 46, 246, 256; 68, 193, 215.

[30] BVerfGE 2, 292, 295; 3, 34, 36; Gersdorf, Jura 1994, 398, 399; Weber, JuS 1995, 114, 114.

[31] Weber, JuS 1995, 114, 114.

In diesem Fall richtet sich die Brummi-GmbH gegen einen Gesetzgebungsakt des parlamentarischen Gesetzgebers. Nach der geschilderten älteren Rechtsprechung des BVerfG stände ein Rechtsweg gegen das neue GüKG nicht offen. Eine Verfassungsbeschwerde der Brummi-GmbH wäre zulässig gewesen.

In neuerer Zeit ist das BVerfG von dieser Rechtsprechung jedoch abgerückt.[32] § 90 II wurde auf die Rechtssatzverfassungsbeschwerde für anwendbar erklärt. In Übereinstimmung mit einer allgemeinen stärkeren Betonung des Subsidiaritätsgrundsatzes der Verfassungsbeschwerde verlangt das Gericht jetzt bei Rechtssatzverfassungsbeschwerden über eine unmittelbare Betroffenheit hinaus, dass der Beschwerdeführer die ihm zur Verfügung stehenden und zumutbaren Möglichkeiten einer inzidenten Normenkontrolle ergreift, um eine Korrektur der geltend gemachten Grundrechtsverletzungen zu erreichen oder eine Grundrechtsverletzung zu verhindern.[33] Dem Bürger, der auf diese Weise die Grundrechtsverletzung von sich abwehren kann, steht die ultima ratio der Verfassungsbeschwerde nicht zur Verfügung.[34]

Der Gedanke, das überlastete BVerfG nicht ohne zwingenden Grund einzuschalten, trifft allerdings nur zu, wenn die Fachgerichte einem Grundrechtsverstoß durch die inzident überprüfte Norm auch selbst abhelfen können; nicht aber, wenn sie aufgrund des Verwerfungsmonopols des BVerfG ohnehin zu einer Vorlage nach Art. 100 I S. 1 gezwungen sind.[35]

Die von der Brummi-GmbH angegriffene Norm ist ein formelles nachkonstitutionelles Gesetz, das nur vom BVerfG gemäß Art. 100 I S. 1 verworfen werden kann.

Unter diesem Aspekt wäre eine inzidente Normenkontrolle keine adäquate Möglichkeit, sich gegen das neue Gesetz zu wehren.

Eine Möglichkeit für die Brummi-GmbH wäre die Begehung einer Ordnungswidrigkeit, um eine inzidente Normenkontrolle zu erreichen. Dies müsste der Brummi-GmbH zumutbar sein.

Die Frage der Zumutbarkeit erfordert eine Abwägung, welche die Vorteile des Beschwerdeführers aus einem sogleich eröffneten verfassungsgerichtlichen Rechtsschutz den dabei für die Allgemeinheit oder für Dritte entstehenden Nachteilen gegenüberstellt und die widerstreitenden Gesichtspunkte sodann gegeneinander abwägt.[36]

---

[32] Gusy, Rn. 139; Gersdorf, Jura 1994, 398, 399.
[33] Weber, JuS 1995, 114, 114.
[34] BVerfGE 68, 319, 325.
[35] BVerfGE 68, 319, 325; Gusy, Rn. 139.
[36] BVerfGE 71, 305, 336; Gusy, Rn. 139; Weber, JuS 1995, 114, 116.

Vom Beschwerdeführer kann grundsätzlich verlangt werden, gegen bestehende Normen zu verstoßen, um auf diese Weise einen Rechtsschutz zu provozieren.[37]

Hiervon macht die Rechtsprechung des BVerfG[38] bei straf- und bußgeldbewehrten Normen eine Ausnahme. Dem Beschwerdeführer könne nicht zugemutet werden, vor Erhebung der Verfassungsbeschwerde gegen straf- und bußgeldbewehrte Rechtsnormen zunächst eine Zuwiderhandlung zu begehen, um dann im Straf- und Bußgeldverfahren die Verfassungswidrigkeit der Norm geltend zu machen.[39]

Wie bereits gezeigt[40], wäre dieses Vorgehen der Brummi-GmbH nicht zumutbar. Auch nach der neueren Rechtsprechung stehen die Rechtswegerschöpfung und der Subsidiaritätsgrundsatz einer Verfassungsbeschwerde der Brummi-GmbH nicht entgegen.

V. Ordnungsgemäßer Antrag

Die Punkte „ordnungsgemäßer Antrag“ (=Form) und „Frist“ können in dieser Kürze abgehandelt werden, wenn sie keine Probleme beinhalten.

Die Brummi-GmbH müsste gemäß § 23 I in einem schriftlich begründeten Antrag ihr Begehren erkennen lassen. Nach § 92 müsste zunächst sinngemäß das Recht, das verletzt sein soll, sowie die staatliche Maßnahme, durch die die Brummi-GmbH sich verletzt fühlt, hinreichend substantiiert werden.[41]

VI. Frist

Die Brummi-GmbH müsste gemäß § 93 III eine mögliche Verfassungsbeschwerde gegen das Gesetz binnen eines Jahres nach Inkrafttreten, also bis zum 1. Juli 1996, erheben.

Eine Verfassungsbeschwerde wäre zulässig, sofern die Brummi-GmbH sich an die o.g. Sachentscheidungsvoraussetzungen halten würde.

---

37 BVerfGE 68, 319, 325.

38 BVerfGE 81, 70, 82.

39 BVerfGE 81, 70, 82; Gersdorf, Jura 1994, 398, 411.

40 S. A.III.2.

41 BVerfGE 28, 17, 19; 67, 90, 93f.

B. Begründetheit

Eine Verfassungsbeschwerde wäre begründet, wenn die Brummi-GmbH durch das neue GüKG in einem ihrer Grundrechte verletzt wäre.
In Betracht kommen die Grundrechte aus Art. 12 I, 14 I, 3 I, 2 I.

I. Art. 12 I

Die Brummi-GmbH könnte in ihrem Grundrecht aus Art. 12 I verletzt sein.

1. Betroffenheit

Art. 12 I müsste betroffen sein. Betroffen ist ein Grundrecht immer dann, wenn in seinen Schutzbereich eingegriffen wurde.

a) Schutzbereich

Der persönliche und sachliche Schutzbereich müsste betroffen sein.

Der persönliche Schutzbereich des Art. 12 umfasst alle Deutschen i.S.d Art. 116 I, aber auch inländische juristische Personen.[42]

Die Brummi-GmbH ist Grundrechtsträger des Art. 12 I.[43] Der persönliche Schutzbereich ist betroffen.

Der sachliche Schutzbereich wäre dann betroffen, wenn das neue GüKG Auswirkungen auf ein Verhalten hätte, das die Voraussetzungen eines Berufes erfüllt.

Beruf ist jede erlaubte[44] Tätigkeit, die auf Dauer angelegt[45] ist und der Schaffung und Erhaltung der Existenzgrundlage dient.[46]
Die Tätigkeit der Brummi-GmbH als Spedition erfüllt diese Voraussetzungen. Der sachliche Schutzbereich ist ebenfalls betroffen.

b) Eingriff in den Schutzbereich

*Die Prüfung der Begründetheit beginnt bei Grundrechten grundsätzlich mit der Frage, ob ein Eingriff vorliegt. Dies gilt jedoch **nicht** bei Gleichheitsrechten.*

Das GüKG müsste in den Schutzbereich des Art. 12 I eingreifen.

Eingriff ist jedes staatliche Handeln, das dem einzelnen ein Verhalten, das in den Schutzbereich eines Grundrechts fällt, unmöglich macht.[47]
Fraglich ist, ob ein Eingriff in die Berufswahl oder Berufsausübung vorliegt. Freie Wahl und freie Ausübung des Berufs lassen sich nicht scharf auseinanderhalten; sie bezeichnen nicht genau abgrenzbare Be-

---

[42] BVerfGE 21, 261, 266; Gusy, JA 1992, 257, 257; Erichsen, Jura, 1980, 551, 552.
[43] S. A.I.1.d).
[44] BVerfGE 7, 377, 397;
[45] v. Münch/Kunig-Gubelt, Art. 12, Rn. 8.
[46] BVerfGE 7, 377, 397; 54, 301, 313.
[47] Pieroth/Schlink, Rn. 251.

reiche der Berufsfreiheit, sondern sich berührende, ineinander übergehende Phasen einer einheitlichen Freiheitsgewährleistung.[48]

Besonders intensive Beschränkungen der Berufsausübung können auf die Freiheit der Berufswahl "durchschlagen", in dem die Berufsausübung an derart strenge Voraussetzungen gebunden wird, dass in Wahrheit bereits von einer Beschränkung der freien Berufswahl gesprochen werden muss.[49] Eine Rückwirkung auf die Berufswahl ist nur dann rechtlich beachtlich, wenn die Ausübungsregelung den von ihr Betroffenen in aller Regel den gewählten Beruf wirtschaftlich unmöglich macht.[50]

Die Regelungen des neuen Gesetzes hindern die Beschwerdeführerin daran, eine Distanz von über 100 km mit ihren Lkw zurückzulegen. Dadurch wird sie in ihrer Berufsausübung erheblich beeinträchtigt, so dass sie bald zur Geschäftsaufgabe gezwungen sein wird, da sie wirtschaftlich auf den Güterferntransport angewiesen ist.

Das GüKG beschränkt zwar unmittelbar die Berufsausübung, doch aufgrund des "Durchschlageffekts" kann von einem Eingriff in die Berufswahl gesprochen werden. Die Einstufung als Berufswahl- oder Berufsausübungsregelung hängt nach der Berufsbildlehre[51] weiter davon ab, ob die Ausübung eines Berufs oder einer bloßen Berufsmodalität ausgeschlossen wird.

Dadurch wird eine gewisse Typisierung der Berufe nach der allgemeinen Verkehrsaufassung bei einer natürlichen Betrachtungsweise angestrebt.[52]

Nach dieser Lehre kann von einem Eingriff in die Berufswahl gesprochen werden, sofern ein eigenständiges Berufsbild- hier Güterfernverkehrsunternehmen- angenommen werden kann. Nach dem BVerfG[53] habe sich der Güterfernverkehr zu einem eigenständigen Berufsbild entwickelt, welches sich insbesondere aus den eingehenden Regelungen des GüKG für den Fernverkehr ergebe.[54] So muss der Unternehmer gemäß § 10 I Nr. 1, II GüKG seine fachliche Eignung für den Güterfernverkehr nachweisen.

Folglich liegt auch nach der Berufsbildlehre ein Eingriff in eine Berufswahlregelung vor.

[48] Maunz/Dürig, Art. 12, Rn. 266.
[49] Maunz/Dürig, Art. 12, Rn. 266.
[50] Jarass/Pieroth, Art. 12, Rn. 28.
[51] Jarass/Pieroth, Art. 12, Rn. 28.
[52] v. Münch/Gubelt, Art. 12, Rn. 12.
[53] BVerfGE 40, 196, 218.
[54] BverfGE 40, 196, 217.

Es muss aufgrund des "Durchschlageffekts" und dem Vorliegen eines eigenständigen Berufsbilds von einem Eingriff in eine Berufswahlregelung gesprochen werden.

Ein Eingriff in den Schutzbereich des Art. 12 I liegt vor.

Art. 12 I ist betroffen.

2. Verletztheit

Dieser Eingriff in die Berufswahl müsste sich als Verletzung darstellen. Verletzt ist das Grundrecht dann, wenn der Eingriff in den Schutzbereich unzulässig[55], d.h. nicht durch eine Schranke gedeckt wird. Zu prüfen ist demnach, ob das Grundrecht einschränkbar ist, danach ob eine Schranke besteht und ob diese ihrerseits verfassungsgemäß ist.

a) Einschränkbarkeit des Art. 12 I S. 1

Bei Art. 12 I wird zwischen Berufswahl und Berufsausübung unterschieden. In Lehrbüchern und Kommentaren finden sich zur Einschränkbarkeit des Art. 12 I unter dem Stichwort „Dreistufentheorie" notwendige Informationen.

Fraglich ist, ob Art. 1.2.I S. 1 einschränkbar ist. Nach dem Wortlaut des Art. 12 I S. 1 wird das Grundrecht der freien Berufswahl scheinbar schrankenlos gewährt, während das Recht auf Berufsausübung gemäß Art. 12 I S. 2 durch ein formelles oder aufgrund materiellen Gesetzes geregelt bzw. eingeschränkt werden kann.

Seit dem Apotheken-Urteil des BVerfG[56] lassen sich die Berufswahl und die Berufsausübung jedoch nicht hinreichend scharf trennen, sondern umfassen einen einheitlichen Komplex "berufliche Betätigung" aus verschiedenen Richtungen. So sei der in der laufenden Berufsausübung sich ausdrückende Wille zur Beibehaltung der Berufsausübung zugleich eine kontinuierliche Betätigung der Berufswahl.[57] Folglich sei Art. 12 I ein einheitliches Grundrecht der Berufsfreiheit.[58] Diese funktionale Garantieeinheit der Berufsfreiheit setze sich auch im schrankenrechtlichen Bereich fort.[59]

Dieses Ergebnis findet seine Bestätigung darin, dass das Grundgesetz in Art. 74 Nr. 19 die Zulassung zu gewissen Berufen zum Gegenstand der konkurrierenden Gesetzgebung macht und damit von der gesetzgeberischen Regelbarkeit der Berufswahl ausgeht.

Das Recht der Berufswahl nach Art. 12 I S. 1 lässt sich ebenfalls einschränken.

---

[55] Pieroth/Schlink, Rn. 237.

[56] BVerfGE 7, 197, 198.

[57] BVerfGE 7, 197, 201.

[58] BVerfGE 7. 197. 202.

[59] Maunz/Dürig, Art. 12, Rn. 266.

b) Vorliegen einer entsprechenden Schranke

Es müsste ein Gesetz vorliegen, dass die Schranke ausfüllt. In Betracht kommt das neue GüKG. Bei dieser Vorschrift handelt es sich um ein Gesetz im formellen Sinne.

Insoweit sind die Voraussetzungen der Beschränkbarkeitsregelung des Art. 12 I beachtet. Das neue GüKG ist daher dem Grunde nach geeignet, eine Schranke i.S.d. Art. 12 I zu sein.

c) Verfassungsmäßigkeit der Schranke

Fraglich ist, ob das GüKG n.F. als Schranke gemäß Art. 2 I S. 2 verfassungsrechtlich gerechtfertigt ist.

Dazu müsste dieses Gesetz formell und materiell verfassungsmäßig sein.

aa) formelle Verfassungsmäßigkeit

Das GüKG ist formell verfassungsgemäß, wenn es vom gesetzgebungskompetenten Organ unter Beachtung der grundgesetzlichen Verfahrens- und Formvorschriften erlassen wurde.

(1) Gesetzgebungskompetenz

Der Bund müsste für das GüKG Gesetzgebungskompetenz gehabt haben. Grundsätzlich existiert eine Zuständigkeitsvermutung zugunsten der Länder nach Art. 70 I i.V.m. Art. 30 I.[60] Demzufolge muss der Bund einen im GG niedergelegten Kompetenztitel vorweisen, um ein Gesetz erlassen zu können.[61] Ein Gegenstand des Katalogs der ausschließlichen Gesetzgebung in Art. 73 liegt nicht vor. Von den Materien der konkurrierenden Gesetzgebung kommen Art. 74 Nr. 11 und Nr. 22 in Betracht.

Art. 74 Nr. 11 tritt gegenüber der spezielleren Regelung –hier Art. 74 Nr. 22- zurück.[62]

Art. 74 Nr. 22 beinhaltet das Gebiet des Straßenverkehrsrechts. Es dient dem Zweck, die spezifischen Gefahren, Behinderungen und Belästigungen auszuschalten oder wenigstens zu mindern, die mit der Straßenbenutzung unter den Bedingungen des modernen Verkehrs verbunden sind.[63]

Es regelt in diesem Rahmen die Anforderungen, die an den Verkehr und an die Verkehrsteilnehmer gestellt werden, um Gefahren von an-

---

[60] Ipsen, StaatsR I, 21. Auflage 2009, Rn. 545.

[61] Ipsen, StaatsR I, Rn. 546.

[62] Jarass/Pieroth, Art. 74, Rn. 21.

[63] BVerwGE 7, 17, 22.

deren Verkehrsteilnehmern oder Dritten abzuwenden und den optimalen Ablauf des Verkehrs zu gewährleisten.[64]

Das GüKG soll einen drohenden Verkehrsinfarkt verhindern, der bei fehlender Umtransferierung der Verkehrsträger eintreten würde. Das Gebiet des Art. 74 Nr. 22 ist hier anwendbar.

Weiterhin müsste eine Gesetzgebungskompetenz des Bundes nach der Neuregelung des Art. 72 II erforderlich sein.

Nach Art. 72 II 2. Alt. müsste die Wahrung der Rechts- oder Wirtschaftseinheit im gesamtstaatlichen Interesse eine bundesgesetzliche Regelung erforderlich machen.

Die formelle Verfassungsmäßigkeit gliedert sich selbst wieder in die Punkte

- Zuständigkeit

- Verfahren

- Form.

Eine derartige Gliederung ist jedoch nur bei Problemen im Rahmen dieses Prüfungspunktes erforderlich.

Wahrung der Rechts- und Wirtschaftseinheit bedeutet, dass das Gesetz nicht nur im Interesse einzelner Länder stehen darf.[65]

Zweck des Gesetzes ist die Existenzsicherung der Deutschen Bundesbahn, die Sicherung des Umweltschutzes und die Abwendung eines Verkehrsinfarkts in ganz Deutschland.

Diese Ziele liegen insbesondere im Bundesinteresse. Das GüKG erfordert somit eine bundesgesetzliche Regelung.

Der Bund kann sich auf Art. 74 Nr. 22 berufen. Er hatte für das neue GüKG Gesetzgebungskompetenz,

(2) Gesetzgebungsverfahren

Das Gesetzgebungsverfahren müsste eingehalten worden sein.

Fraglich ist hier, ob eine unzulässige Umgehung des Art. 76 II S. 1 vorliegt.

Im Gegensatz zur herrschenden Meinung[66] und der parlamentarischen Praxis hält eine verbreitete Ansicht[67] die Umgehung des Bundesrates für verfassungswidrig oder in bestimmten Fällen für verfassungsrechtlich bedenklich.[68]

Gegen die Zulässigkeit eines solchen Verfahrens spreche der Zweck des Art. 76 n S. 1, bei Gesetzesentwürfen der Bundesregierung schon im Vorfeld der Gesetzesberatungen eine sachverständige Kontrolle durch die im Bundesrat vertretenen Länderregierungen zu ermöglichen. Die mit Hilfe jenes Kunstgriffs vorgenommene Ausschaltung des "Ers-

---

[64] BVerfGE 40, 371, 380.

[65] Jarass/Pieroth, Art. 72, Rn. 21.

[66] Maunz/Dürig, Art. 76, Rn. 26; Battis/Gusy, Rn. 271; Degenhart, Staatsrecht I, 25.Auflage 2009 Rn. 200; Püttner/Kretschmer, S. 135; Schürmann, AöR Bd. 115, 45, 62.

[67] Achterberg, S. 51, Anm. 152; Kutscher, DÖV 1952, 710, 712.

[68] Ziller, S. 23; Wyduckel, DÖV 1989, 181, 185.

ten Durchgangs" beim Bundesrat erscheine auch unter dem Aspekt des Grundsatzes der Verfassungsorgantreue bedenklich. Denn nach diesem Grundsatz seien die obersten Staatsorgane, wie auch ihre Teile, verpflichtet, fair miteinander umzugehen.

Da Art.76 II S. 2 gerade auch für diesen Fall der Eilbedürftigkeit eines Gesetzes Vorsorge treffe, spreche dies ebenfalls gegen die Zulässigkeit eines solchen Verfahrens.[69] Jedoch hält diese Auffassung ein Gesetz, das in verfassungswidriger Umgehung des Bundesrates zustande gekommen ist, für rechtswirksam und nicht etwa für nichtig.[70]

Nach Auffassung des BverfG sei diese Verfahrensbeschleunigung verfassungsrechtlich unbedenklich.[71]

Hier wurde der nach Art. 76 II S. 1 bei Regierungsvorlagen an sich erforderliche "Erste Durchgang" im Bundesrat dadurch vermieden, dass der Umwelt- und Verkehrsminister den Entwurf des GüKGes gemäß § 76 GOBT durch die X-Fraktion im Bundestag einbringen ließ.

Eine Diskussion kann dahinstehen, da alle Ansichten das GüKG im Ergebnis für rechtswirksam erklären. Eine unzulässige Umgehung des Art. 76 II S. 1 liegt folglich nicht vor.

Ein ordnungsgemäßer Beschluss des Bundestages nach Art. 77 I S. 1 i.V.m. Art. 42 II S. 1 und § 45 GOBT, eine unverzügliche Weiterleitung an den Bundesrat gemäß Art. 77 I S. 2, sowie eine ordnungsgemäße Mitwirkung des Bundesrates gemäß Art. 77 II-IV mit der Rechtsfolge des Art. 78 kann unterstellt werden.

Das Gesetzgebungsverfahren ist eingehalten worden.

(3) Ordnungsgemäße Form

Das Gesetz müsste formgemäß zustande gekommen sein.

Gemäß Art. 82 I wird das nach den Vorschriften des GG zustande gekommene Gesetz vom Bundespräsident nach Gegenzeichnung gemäß Art. 58 S. 1 ausgefertigt und im Bundesgesetzblatt verkündet.

Das neue Gesetz ist nach Ausfertigung des Bundespräsidenten am 1. Juli 1995 in Kraft getreten. Eine Gegenzeichnung gemäß Art. 58 S. 1 und die Verkündung des GüKG im Bundesgesetzblatt kann unterstellt werden. Demzufolge ist das neue GüKG formgerecht zustande gekommen. Das GüKG ist formell verfassungsgemäß.

---

[69] Schenke, S. 94 ff.

[70] Schürmann, AöR Bd. 115, 45, 52.

[71] BverfGE 30, 250, 261.

bb) materielle Verfassungsmäßigkeit

Das GüKG müsste auch materiell verfassungsgemäß sein, also insbesondere dem Bestimmtheitsgrundsatz und dem Grundsatz der Verhältnismäßigkeit entsprechen.

Das Zitiergebot des Art. 19 I S. 2 ist auf Art. 12 I nicht anwendbar.[72] Es handelt sich auch um kein Einzelfallgesetz i.S.d. Art. 19 I S. 1.

(1) Bestimmheitsgrundatz

Der Bestimmtheitsgrundsatz müsste eingehalten worden sein.

Das einschränkende Gesetz muss hinreichend bestimmt sein, es muss Umfang und Grenzen des Eingriffs deutlich erkennen lassen.[73]

Der Einzelne soll von vornherein wissen können, was gesetzlich verboten ist und mit welcher Strafe es sanktioniert ist, damit er in der Lage ist, sein Verhalten danach einzurichten.[74]

Durch das Gesetz soll eine Umtransferierung von der Straße auf die Schiene erfolgen, sofern die Distanz zum Zielort größer als 100 km ist. Dieses "Huckepack-Verfahren" ist eindeutig im GüKG umgrenzt. Ausnahmen sind für solche Gebiete vorgesehen, in denen das Schienennetz nicht ausreichend ausgebaut ist, um den Zweck des Gesetzes zu erreichen. Während einer Übergangszeit von 8 Jahren ist es erlaubt, noch bestehende Verträge zu erfüllen. Güterferntransport, der gegen diese Bestimmungen verstößt, wird als Ordnungswidrigkeit mit einem Bußgeld belegt.

Die Brummi-GmbH weiß, unter welchen Voraussetzungen sie mit einer Strafe zu rechnen hat. Das GüKG lässt Umfang und Grenzen eines Eingriffs deutlich erkennen. Der Bestimmtheitsgrundsatz ist gewahrt.

(2) Verhältnismäßigkeitsprinzip

Das GüKG müsste verhältnismäßig sein.

Das Verhältnismäßigkeitsprinzip besagt im allgemeinen, dass eine Maßnahme einem legitimen Zweck zu dienen hat, geeignet und erforderlich sein muss[75], d.h. dass sie das mildeste Mittel zur Förderung des Zwecks im bestimmten Umfang sein muss, ohne dass die Eingriffsnachteile dabei außer Verhältnis zur Förderung des Zwecks stehen dürfen.[76]

---

[72] BVerfGE 64, 72, 80.

[73] BVerfGE 86, 28, 40.

[74] Pieroth/Schlink, Rn. 1194.

[75] Katz, Rn. 651; Pieroth/Schlink, Rn. 289.

[76] Jarass/Pieroth, Art. 20, Rn. 83.

Die verfassungsrechtliche Rechtfertigung eines Eingriffs in Art. 121, insbesondere seine Verhältnismäßigkeit, beurteilt das BVerfG seit dem "Apothekenurteil"[77] mit Hilfe der Drei-Stufen-Theorie. Dabei geht es von der Überlegung aus, dass sich die Regelungsbefugnis des Art. 12 I S. 2 zwar auf die Berufsausübung und die Berufswahl erstreckt, aber nicht beide in gleicher Intensität.[78]

Die Befugnis ist inhaltlich umso freier, je mehr eine reine Ausübungsregelung betroffen wird, umso enger begrenzt, je mehr auch die Berufswahl betroffen ist.[79]

Daher ist zunächst die Berufswahl gegenüber der Berufsausübung abzugrenzen. Wie bereits erläutert[80], liegt ein Eingriff in die Berufswahl vor.

Regelungen und Beschränkungen der freien Berufswahl gliedern sich in subjektive –2. Stufe- und objektive –3. Stufe- Zulassungsvoraussetzungen, wobei die subjektive Zulassungsvoraussetzung an bestimmte Eigenschaften, Voraussetzungen oder Qualifikationen in der Person des Berufsbewerbers anknüpfen.[81]
Die objektiven Zulassungsvoraussetzungen sind dadurch gekennzeichnet, dass von ihnen eine absolute Sperrwirkung für alle von ihnen Betroffenen ausgeht, sie sind ihrem Einfluss schlechthin entzogen.[82]

Vorliegend ist die Brummi-GmbH gezwungen, Güterferntransporte, abgesehen von der Übergangsregelung, nach dem "Huckepack-Verfahren" abzuwickeln. Auf diesem allgemeinen Ausschluss hat sie Brummi-GmbH keinen Einfluss. Demnach liegt eine objektive Zulassungsvoraussetzung vor.

Eingriffe auf dieser 3. Stufe dürfen nur zur Abwehr nachweisbarer oder höchstwahrscheinlich schwerer Gefahren für ein überragend wichtiges Gemeinschaftsgut geschaffen werden.[83]

(a) Zweck des Gesetzes

Zweck des Gesetzes müsste der Schutz eines überragend wichtigen Gemeinschaftsgutes sein.

---

[77] BVerfGE 7, 397 ff.
[78] BVerfGE 7, 397, 402.
[79] BVerfGE 7, 397, 403.
[80] S. B.I.1.b)
[81] Maunz/Dürig, Art. 12. Rn. 335.
[82] BVerfGE 7, 397, 407; 9, 338, 345; Maunz/Dürig, Rn. 363.
[83] Pieroth/Schlink, Rn. 925.

(aaa) Existenzsicherung der Deutschen Bahn

Die Beschränkung des Güterfernverkehrs auf der Straße verfolgt den Zweck, die Deutsche Bundesbahn in ihrer Funktionsfähigkeit und Wirtschaftlichkeit zu schützen. Da die Bahn für die Verkehrswirtschaft unentbehrlich ist und deshalb auch die Möglichkeit, am Güterverkehr teilzunehmen, erhalten bleiben muss,[84] kann der Erhalt der Deutschen Bundesbahn durch solche Konkurrenzregelungen als überragend wichtiges Gemeinschaftsgut angesehen werden.

Da die Bahn weiterhin für den Beförderungs- und Güterverkehr unerlässlich ist, ist sie auch nach ihrer Umwandlung in eine Aktiengesellschaft als überragend wichtiges Gemeinschaftsgut anzusehen.

(bbb) Umweltschutz

Nach der Rechtsprechung[85] ist die Umwelt, nicht zuletzt wegen ihres Zusammenhanges zur Volksgesundheit, Art. 2 II 1, ein überaus wichtiges Gemeinschaftsgut.[86] Der Umweltschutz ist demzufolge auch durch den neuen Art. 20a als Staatsziel aufgenommen worden.

(ccc) Verkehrssicherheit

Die Verkehrssicherheit wird von Rechtsprechung[87] und Literatur[88] als überragend wichtiges Gemeinschaftsgut anerkannt.

Demnach hat das GüKG den Zweck, überragend wichtige Gemeinschaftsgüter zu schützen.

(b) Geeignetheit

Das GüKG müsste ferner geeignet sein, die o. g. Gemeinschaftsgüter zu schützen. Das vom Gesetzgeber eingesetzte Mittel ist geeignet, wenn mit seiner Hilfe der gewünschte Erfolg gefördert werden kann.[89]

Das Verbot des Güterferntransports für die Speditionen wird zu einer weitaus höheren Nachfrage an Güterferntransporten der Bundesbahn führen. Die Bundesbahn kann diesen wirtschaftlichen Vorteil, Schaffung eines Wettbewerbsmonopols, für ihre Existenzsicherung nutzen.

Die Umwelt könnte durch geringere Schadstoffemissionen weniger belastet werden. Dies erscheint jedoch nur möglich, wenn durch die zu erwartende Steigerung der Verkehrsdichte im öffentlichen Nahverkehr,

---

[84] BVerfGE 40, 196, 219.
[85] BVerwGE 62, 224, 224.
[86] BVerfGE 7, 377, 414; 9, 34, 52.
[87] BVerfGE 40, 196, 221; 11, 168, 184.
[88] Pappermann, DB 1968, 1742, 1746.
[89] BVerfGE 30, 292, 316.

der aufgrund des hohen Anteils des Stadtverkehrs eine erhebliche Schadstoffbelastung darstellt, die Umwelt nicht stärker als zuvor belastet wird. Es ist davon auszugehen, dass die Strecken im Güterfernverkehr meist mehrere 100 km betragen, so stellt die Fahrt eines LKW zum Umschlagbahnhof nur einen Bruchteil der Fahrt bis zum eigentlichen Zielort dar. Die Umweltbelastung wird demzufolge trotz steigenden Nahverkehrs sinken.

Das Gesetz führt zu geringeren Belastungen der Autobahnen und Bundesstraßen, da die Gütertransporte mittels eines LKW's auf 100 km beschränkt sind. Die Verhinderung eines Verkehrsinfarktes wird gefördert.

Durch die Verringerung der Verkehrsdichte wird die Unfallwahrscheinlichkeit gemindert und die Sicherheit erhöht.

Das Gesetz ist geeignet, die o. g. Gemeinschaftsgüter zu schützen.

(3) Erforderlichkeit

Das GüKG müsste erforderlich sein. Das Gebot der Erforderlichkeit ist verletzt, wenn das Ziel der staatlichen Maßnahme auch durch ein anderes Mittel ebenso wirksam erreicht werden kann, das das betreffende Grundrecht nicht oder weniger fühlbar einschränkt.[90]

Nach der den Verhältnismäßigkeitsgrundsatz modifizierenden Stufentheorie müsste untersucht werden, ob eine Alternativmaßnahme auf einer niedrigeren Stufe gleichermaßen zur Zweckerreichung geeignet wäre.[91]

Jedoch dürften nach Auffassung des BverfG[92] die Folgen eines minder effektiven Eingriffs nicht abgewartet werden, da es unter Umständen nicht möglich ist, Gegenmaßnahmen erst nach Eintritt einer akuten Gefahr für die Bundesbahn umzuleiten.

Schonendere Mittel könnten Eingriffe in die 2. Stufe, Steuererhöhungen, Tarifsenkungen und Rationalisierungsmaßnahmen der Deutschen Bundesbahn sein.

(a) Eingriff in die 2. Stufe

Die subjektiven Zulassungsgrenzen der 2. Stufe sind in Vorschriften enthalten, welche die Aufnahme der Berufstätigkeit an von der Person des Berufsanwärters abhängig und für diesen grundsätzlich erfüllbare Voraussetzungen, wie z. B. persönliche Eigenschaften und Fähigkeiten oder sonst nachgewiesenen Leistungen binden.[93]

---

[90] Jarass/ Pieroth, Art. 20, Rn. 60.

[91] Ipsen, JuS 1990, 635, 637.

[92] BVerfGE 40, 196, 213.

[93] v. Münch/Gubelt, Art. 12, Rn. 48; Pieroth/Schlink, Rn. 901.

Bei einem Eingriff in die 2. Stufe könnten die Spediteure die Genehmigung von Güterferntransporten beeinflussen. Ein allgemeiner Ausschluss aller Güterferntransporte wäre so nicht durchsetzbar. Der Anteil des Güterfernverkehrs am Gesamtaufkommen der Gütertransporte und die Zahl der LKW würden in diesem Fall zwar sinken, doch würde der erstrebte Erfolg nicht in gleichem Maße wie das neue Gesetz unterstützt.

Hier kommt der Verfasser nunmehr auf die sog. Dreistufentheorie zu sprechen. Im Rahmen des Art. 12 ist unbedingt erforderlich, festzustellen, auf welcher Stufe ein Eingriff vorliegt. An diese unterschiedliche Intensität des Eingriffs knüpft nämlich das BVerfG unterschiedliche Anforderungen an die Rechtmäßigkeit eines Gesetzes bzw. einer Maßnahme.

Ein Eingriff in die 2. Stufe wäre zur Zweckerreichung zwar geeignet, aber kein gleich wirksames Mittel.

(b) Steuererhöhungen

Die Wiedereinführung einer zusätzlichen Besteuerung für den Güterfern- und Werkfernverkehr könnte ein gleich wirksames Mittel darstellen.

Die Straßengüterverkehrssteuer vom 28.12.1968[94] sollte die Bundesbahn im Wettbewerb vor ihren Konkurrenten schützen und belastete neben dem Werkverkehr auch den gewerblichen Güterfernverkehr (sog. Leberpfennig 1 Pfg/tkm). Die beabsichtigte Wirkung der ehemaligen Straßengüterverkehrssteuer, den Güterverkehr von der Straße auf die Schiene zu verlagern, hielt sich insgesamt gesehen in engen Grenzen und blieb ihr teilweise sogar versagt, obwohl die Bundesbahn zeitweise in die Lage versetzt wurde, ihre Tarife um 22% niedriger anzusetzen als der gewerbliche Güterkraftverkehr.[95] Der Güterfernverkehr dürfte sogar weitgehend Nutznießer der staatlichen "Lenkungssteuer" gewesen sein. Ungeachtet der steuerlichen Sonderbelastung nahmen Verkehrsaufkommen und Verkehrsleistungen des gewerblichen Straßengüterfernverkehrs kontinuierlich zu.[96]

Demnach muss die Wirksamkeit steuerlicher Eingriffe als Konkurrenzschutz für die Bahn in Zweifel gezogen werden. Die Erfahrungen mit der ehemaligen Straßengüterverkehrssteuer lassen nur eine geringe ordnungspolitische Effizienz einer erneuten Sonderbesteuerung des Straßengüterverkehrs erwarten. Weiterhin wäre der Staat gezwungen, Kontrollen durchzuführen, um festzustellen, welcher Spediteur wann und wie oft Güterferntransporte unternommen hat, um die umweltfreundlichen Spediteure, die lediglich Fahrten zum nächstlegenden Umschlagbahnhof unternehmen, nicht zu benachteiligen. Um diese Steuergerechtigkeit zu erreichen, ist ein aufwendiger und teurer Verwaltungsapparat notwendig.

---

[94] BGBL I 1461.
[95] BVerfGE 38, 61, 93.
[96] BVerfGE 38, 61, 93.

Steuererhöhungen stellen demnach kein gleich wirksames milderes Mittel dar.

(c) Tarifsenkungen

Eine Alternativmöglichkeit könnten Tarifsenkungen der Deutschen Bundesbahn sein. Um für den Gütertransport ein attraktives Angebot erscheinen zu lassen, müssten die Tarifsenkungen erheblichen Umfang annehmen um die offensichtlichen Vorteile des LKW-Gütertransport - keine gemeinschaftlichen Verpflichtungen, Mobilität durch gut ausgebaute Infrastruktur - auszugleichen. Der Versuch der Bahn ihre Transportkosten um 22% gegenüber den Tarifen des LKW-Transports zu senken, hatte nicht den Erfolg, die Nachteile auszugleichen. Tarifsenkungen würden das wirtschaftliche Ergebnis der Bahn noch weiter verschlechtern.[97]

(d) Rationalisierungsmaßnahmen

Nach der Fusion der Reichs- und Bundesbahn müsste die personelle Überbesetzung in der ehemaligen Reichsbahn als größte Hypothek abgebaut werden.[98] Weiteres Rationalisierungspotential ist in der Verwaltung zu sehen. Der Beschäftigenstand müsste aufgrund des technischen Fortschritts deutlich abgebaut werden.[99]

Dies würde wohl zu einer wirtschaftlichen Verbesserung führen, doch wäre eine langfristige Wirtschaftlichkeit der Bahn im Gegensatz zum GüKG nicht in gleichem Maße gesichert. Rationalisierungsmaßnahmen stellen zwar ein milderes, aber keineswegs gleich wirksames Mittel dar. Das GüKG ist erforderlich.

(4) Angemessenheit

Das GüKG müsste auch angemessen sein.

Angemessen ist ein Gesetz dann, wenn das verfolgte Ziel in seiner Wertigkeit nicht außer Verhältnis zur Intensität des Eingriffs in das grundrechtlich geschützte Rechtsgut steht.[100] Je einschneidender der Eingriff ist, umso schwerer müssen die gesetzgeberischen Ziele wiegen, die ihn rechtfertigen sollen.[101]

Diese Proportionalität von Eingriff und mit dem Eingriff verfolgten Ziel setzt eine Güterabwägung, eine Zweck-Mittel Relation voraus.[102]

Zweck des Gesetzes ist insbesondere die Existenzsicherung der Bahn.

---

[97] BVerfGE 40, 196, 223.

[98] Dürr, Frankfurter Allgemeine Zeitung vom 14.8.1995.

[99] Dürr, Frankfurter Allgemeine Zeitung vom 14.8.1995.

[100] Jarass/Pieroth, Art. 20, Rn. 86.

[101] Ipsen, JuS 1990, 634, 637.

[102] BVerfGE 30, 292, 316; Ipsen, JuS 1990, 634, 637; v. Münch/Gubelt, Art. 12, Rn. 44.

Nach Auffassung des BVerfG[103] sei die Bahn für die Gemeinschaft unentbehrlich und komme im Rahmen des Verkehrswesens -Personen- und Güterverkehr- überragende Bedeutung zu. Die moderne arbeitsteilige Wirtschaft könne auf dieses Verkehrsmittel, das große Gütermengen schnell über weite Entfernungen bewege, nicht verzichten. Die Versorgung der Bevölkerung mit lebensnotwendigen Gütern wäre ohne die Eisenbahn auf Dauer nicht gewährleistet; insofern diene sie der Existenzsicherung jedes einzelnen.[104]

Ihr Bestand und ihre höchstmögliche Wirtschaftlichkeit müssten aus allgemein staatspolitischen sowie aus wirtschafts- und sozialpolitischen Gründen gesichert werden.[105]

Ohne das GüKG wird eine Entwicklung in Gang gesetzt, die mit hoher Wahrscheinlichkeit in absehbarer Zeit den einzigen noch einigermaßen wirtschaftlich arbeitenden Zweig der Bahn -Güterverkehr- gefährden und damit staatliche Subventionen einer Höhe erforderlich machen würde, die nur unter Vernachlässigung anderer wichtiger Staatsaufgaben aufrechtzuerhalten wäre. Demgegenüber müssen die Einzelinteressen der zur Geschäftsaufgaben oder Fusionierung gezwungenen Speditionen zurücktreten, um dieses überragend wichtige Gemeinschaftsgut zu schützen.

Das Gesetz ist demnach auch angemessen. Der Verhältnismäßigkeitsgrundsatz ist gewahrt. Das GüKG ist als Schranke gemäß Art. 12 I S. 2 verfassungsrechtlich gerechtfertigt.

Art. 12 I ist nicht verletzt.

---

[103] BVerfGE 40, 196, 227.
[104] BVerfGE 40, 196, 228.
[105] BVerfGE 40, 196, 212.

II. Art. 14 I

Die Brummi-GmbH könnte in ihrem Grundrecht aus Art. 14 I verletzt sein.

1. Betroffenheit

Art. 14 I müsste betroffen sein,

a) Schutzbereich

Fraglich ist bereits, ob der Schutzbereich des Art. 14 I betroffen ist. Art. 14 I schützt die Eigentumsfreiheit. Eigentum i. S. der Vorschrift wird weit interpretiert[106] und als Inbegriff aller vermögenswerten Rechte definiert.[107]

Nach herrschender Lehre[108] und nach Auffassung des BVerwG und BGH[109] wird das Recht am eingerichteten und ausgeübten Gewerbebetrieb dem Eigentumsbegriff unterstellt.

Mit der Gewährleistung des Rechts am eingerichteten und ausgeübten Gewerbebetrieb durch Art. 14 ist nicht die gewerbliche Tätigkeit als solche geschützt.[110] Der Eigentumsschutz bezieht sich nur auf vorhandene konkrete Werte, so dass nur ins Werk gesetzte Gewerbe- und Unternehmenstätigkeiten, die auf einer vorhandenen Organisation sachlicher, persönlicher und sonstiger Mittel gründen, von Art. 14 erfasst sind.[111]

Aussichten auf Gewinne, die erst aus einem künftigen, noch aufzubauenden Gewerbebetrieb gezogen werden sollen, gehören nicht zum geschützten Recht am Gewerbebetrieb, das ausschließlich einen Bestands- und keinen isolierten Erwerbsschutz gewährt und das nicht die Gewerbefreiheit, des potentiellen Unternehmers schützt.[112] Die Grundrechtsnorm betrifft nicht bloße Verdienstmöglichkeiten und in der Zukunft liegende Chancen.[113]

Dem Art. 14 können nur die einem Rechtssubjekt bereits zustehenden Rechtspositionen unterfallen, allein unter diesen Einschränkungen kann es einen eigentumsgrundrechtlichen Schutz am Gewerbebetrieb geben.[114]

---

[106] Pieroth/Schlink, Rn. 977.
[107] v. Münch/Dicke, Art. 14, Rn. 13.
[108] Pieroth/Schlink, Rn. 983.
[109] BGHZ 23, 157, 162; BVerwGE 62, 224, 226.
[110] Maunz/Dürig, Art. 14. Rn. 101.
[111] BGHZ 45, 150, 155; BGH NJW 1965, 2101, 2103.
[112] BVerfGE 30, 292, 334; Maunz/Dürig, Art. 14, Rn. 101.
[113] BVerfGE 30, 292, 335; 45, 272, 296.
[114] BVerfGE 77, 84, 118.

Die Versagung einer berufs- oder gewerberechtlichen Erlaubnis, Genehmigung, Konzession etc. und die damit verbundene hoheitliche Vereitelung von Erwerbschancen berühren nicht „Eigentum" i.S.d. Art. 14.[115]

Die Genehmigung des Güterfernverkehrs wird der Brummi-GmbH untersagt, so dass die Erwerbschancen und Verdienstmöglichkeiten sich verschlechtert haben.

Das GüKG greift nicht in die Substanz der Brummi-GmbH ein. Der Schutzbereich des Art. 14 I ist nicht betroffen. Art. 14 I ist nicht verletzt.

III. Art.3 I

Die Brummi-GmbH könnte in ihrem Grundrecht aus Art. 3 I verletzt sein

1. Ungleichbehandlung

Der Aufbau des Art. 3 als Gleichheitsrecht weicht von der typischen Eingriffsprüfung ab!

Fraglich ist, ob vergleichbare Personengruppen oder Sachverhalte ungleich behandelt werden.[116]

Inhaltlich ist daher zu überprüfen, ob das angegriffene staatliche Verhalten einen Sachverhalt betrifft, der gleich und daher auch vom Staat gleich zu behandeln ist. Gleichheit i. S. des Gleichheitssatzes bedeutet nicht Identität.

Vielmehr kann Gleichheit in diesem Sinne nur Gleichheit in wesentlichen Merkmalen bedeuten.[117] Als Vergleichspaare kommen in Betracht.

a) Brummi-GmbH und Deutsche Bundesbahn

Gütertransporte werden sowohl von der Bahn als auch der Brummi-GmbH durchgeführt; beide sind - nach der Umwandlung der Bahn in eine AG- juristische Personen des Privatrechts, demnach gleich i. S. d. Gleichheitssatzes. Im Gegensatz zur Bahn darf die Brummi-GmbH keine Güterferntransporte über 100 km mehr vornehmen. Eine Ungleichbehandlung liegt vor.

b) Brummi-GmbH und Personenkraftverkehr

Pkw und Lkw sind an das Straßenverkehrsrecht gebunden. Das Führen von Lkw ist mit dem Führen von Pkw vergleichbar.[118]

---

[115] Maunz/Dürig, Art. 14. Rn. 101.
[116] Jarass/Pieroth, Art. 3, Rn. 4.
[117] BVerfGE 1, 14, 52; 4, 144, 155; 9, 334, 337.
[118] Pieroth/Schlink, Rn. 464.

Dem Personenkraftverkehr werden im Gegensatz zum Güterfernverkehr keine Lasten zum Schutz der überragend wichtigen Gemeinschaftsgüter auferlegt. Die Beschwerdeführerin wird ungleich behandelt.

c) Brummi-GmbH und Güternahverkehr

Die Brummi-GmbH und der Güternahverkehr sind dem Straßenverkehrs- und dem GüKG unterworfen. Wenn schon das Führen von Pkw und Lkw vergleichbar ist, muss auch der Güternah- und Güterfernverkehr gleich i. S. d. Art. 3 I sein. Dem Güternahverkehr werden im Gegensatz zum Güterfernverkehr keine Lasten zum Schutz der überragend wichtigen Gemeinschaftsgüter auferlegt. Die Brummi-GmbH wird ungleich behandelt. Art. 3 I ist betroffen.

2. Verletztheit des Art. 3 I

Art. 3 I ist verletzt, wenn der Eingriff durch das GüKG rechtswidrig war. Fraglich ist, ob das Gesetz formell und materiell verfassungsmäßig zustande gekommen ist.

a) formelle Verfassungsmäßigkeit

Das GüKG ist formell verfassungsmäßig.[119]

b) materielle Verfassungsmäßigkeit

Das Gesetz müsste, gemessen an Art. 3 I, materiell verfassungsmäßig sein. Eine Norm, die in Art. 3 I eingreift, ist materiell rechtmäßig, sofern sie einem legitimen Zweck dient[120], sog. Differenzierungsziel, das benutzte Mittel legitim ist und es einen sachlich vernünftigen Grund für die gewählte Differenzierung gibt.[121]

aa) zulässiges Differenzierungsziel

Das Differenzierungsziel müsste zulässig sein. Das GüKG dient dem Schutz überragend wichtiger Gemeinschaftsgüter.[122] Das Differenzierungsziel ist zulässig.

c) legitimes Differenzierungskriterium

Das Differenzierungskriterium müsste legitim sein.

Als Differenzierungskriterium hat der Gesetzgeber Verkehrsmittel gewählt, die die Umwelt, den Staat und den einzelnen Bürger unterschiedlich belasten. Mit der Anknüpfung an dieses Differenzierungskriterium verstößt der Gesetzgeber weder gegen ein Differenzierungs-

---

[119] S. B.I.2.c)aa)(3).
[120] Pieroth/Schlink, Rn. 472.
[121] BVerfGE 71, 39, 53.
[122] S. B.I.2.c)bb)(2)(a)(aaa).

verbot, noch besteht zwischen den Vergleichspaaren ein Gleichbehandlungsgebot aus speziellen Gleichheitssätzen oder allgemeinen Verfassungsgrundsätzen. Das Differenzierungskriterium ist legitim.

d) sachlicher Grund

Fraglich ist, ob es auch einen sachlichen Grund für die gewählte Differenzierung gibt. Der Gleichheitssatz ist verletzt, wenn ein vernünftiger, sich aus der Natur der Sache ergebender oder sonstwie einleuchtender Grund für die gesetzliche Differenzierung nicht finden lässt, kurzum wenn die Bestimmung als willkürlich bezeichnet werden muss.[123]

Es lassen sich viele Regelungen denken, die sich hiernach noch im Rahmen des Gleichheitssatzes halten und unter diesen die geeigneteste auszuwählen, muss der Gesetzgeber frei sein. Es ist nicht Aufgabe des BVerfG, die vom Gesetzgeber gewählte Lösung auf ihre Zweckmäßigkeit zu prüfen oder zu untersuchen, ob sie vom Standpunkt einer beteiligten Interessengruppe aus die gerechteste denkbare Lösung darstellt.[124]

Wie bereits dargelegt,[125] existieren mehrere sachlich vernünftige Gründe- Existenzsicherung der Bahn, Verkehrssicherheit und Umweltschutz-, die eine Ungleichbehandlung der Brummi-GmbH gegenüber der Bahn rechtfertigen. Ferner sind sowohl die Schadstoffemissionen niedriger als auch die relative Unfallbeteiligung der Pkw geringer als die der LKW.[126]

Die Beschränkung des Beförderungsverbots auf den Fernverkehr ist unter Berücksichtigung der Hebung der Verkehrssicherheit sachgerecht, weil dieser immerhin mehr als die Hälfte des Gesamtgüterverkehrs ausmacht, vor allem aber, weil der Nahverkehr aus praktischen Gründen kaum anders bewältigt werden kann. Auch zur Erreichung der Sanierung der Bundesbahn ist eine Beschränkung des Verbots auf den Fernverkehr sachgerecht, da nur insoweit ein echter Wettbewerb mit der Bahn besteht, während der Nahverkehr nur eine Ergänzung der Bahntransporte bildet.

Die Ungleichbehandlung der Brummi-GmbH gegenüber der Deutschen Bundesbahn, dem PKW- und Güternahverkehr kann demnach nicht als willkürlich bezeichnet werden. Die Ungleichbehandlung ist verfassungsrechtlich gerechtfertigt.

Der Eingriff durch das GüKG ist rechtmäßig. Art. 3 I ist nicht verletzt.

---

[123] BVerfGE 1, 14, 16.
[124] BVerfGE 3, 58, 135.
[125] S. B.I.2.c)bb)(2)(a).
[126] BVerfGE 40, 196, 206.

IV. Art. 2 I

Art. 2 ist immer das Auffanggrundrecht. Alle anderen Grundrechte gehen der Prüfung grds. vor!

Art. 2 I könnte verletzt sein. Jedoch stellt Art. 2 I ein Auffanggrundrecht gegenüber den speziellen Grundrechtsgewährleistungen dar, d. h. sein Grundrechtsschutz kann nur eingreifen, wenn der sachliche Regelungsbereich eines besonderen Freiheitsrechts nicht betroffen ist.[127] Hier musste ein Eingriff in den Schutzbereich bzw. eine Betroffenheit speziellerer Grundrechte, Art. 12 I und Art. 3 I, festgestellt werden. Art. 2 I tritt subsidiär zurück.

C. Ergebnis:

Die Brummi-GmbH ist in ihren Grundrechten aus Art. 12 I, 14 I, 3 I, 2 I nicht verletzt. Der GüKG ist rechtmäßig. Eine Verfassungsbeschwerde wäre zwar zulässig, aber nicht begründet. Sie hat keinen Erfolg.

- Ende der Bearbeitung -

[127] BVerfGE 9, 73, 77; 11, 234, 238; Pieroth/Schlink, Rn. 387; Erichsen, Jura 1980, 551, 559.

SACHVERHALT

4. Hausarbeit

Der Landtag von Nordrhein-Westfalen beschließt in ordnungsgemäßem Verfahren eine Änderung des Kommunalwahlgesetzes dahingehend, dass Wählergruppen in Zukunft keine Wahlvorschläge zu Kommunalwahlen einreichen können. Dazu werden in § 15 Abs. 1 S. 2 KWahlG die Worte „von Gruppen von Wahlberechtigten (Wählergruppen)" gestrichen und die §§ 15 ff. KWahlG dementsprechend angepasst.

Zudem wird § 15 Abs. 2 S. 3, 2. Hs. KWahlG dahingehend geändert, dass Wahlvorschläge von Einzelbewerbern, die bei der letzten Wahl nicht als Einzelbewerber erfolgreich waren, von einem Zehntel der Wahlberechtigten des Wahlbezirks persönlich und handschriftlich unterzeichnet sein müssen.

Der Ausschluss von Wählergruppen wird damit begründet, dass Wählergruppen nicht derselben Kontrolle unterlägen wie Parteien und oft unklar sei, von welchen Interessen sie bestimmt würden. Zudem würden Kommunalwahlen heute von den Bürgern als ebenso politische Wahlen betrachtet wie Wahlen zum Landtag oder Bundestag, so dass nicht einzusehen sei, warum Wählergruppen auf kommunaler Ebene privilegiert würden. Eine Bevorzugung der bestehenden politischen Parteien sei damit nicht beabsichtigt, könnten Wählergruppen sich doch bei hinreichendem Zuspruch als Parteien organisieren.

Einzelbewerbern stehe diese Möglichkeit regelmäßig nicht offen, so dass ihre weitere Zulassung zu Kommunalwahlen zu vertreten sei. Allerdings müsse, um eine Zersplitterung der Wählerschaft zu vermeiden und handlungsfähige kommunale Gremien zu erhalten, auch die Zulassung von Einzelbewerbern erschwert werden. Erst eine Anhängerschaft von einem Zehntel der Wahlberechtigten in einem Wahlbezirk lasse einen Wahlerfolg des Einzelbewerbers hinreichend wahrscheinlich erscheinen. Dies gelte umso mehr, als von der Unterzeichnung eines Wahlvorschlages nicht auf das tatsächliche Wahlverhalten der Unterzeichner geschlossen werden könne. Aus diesem Grunde liege auch kein Verstoß gegen den Grundsatz der geheimen Wahl vor.

1. Sind die Änderungen des Kommunalwahlgesetzes mit dem Grundgesetz vereinbar?

2. Die ausschließlich in der nordrhein-westfälischen Stadt S aktive Bürgergemeinschaft B möchte auch bei zukünftigen Kommunalwahlen Wahlbewerber als Wählergruppe aufstellen und fragt, ob sie das vor sechs Wochen ordnungsgemäß ausgefertigte und verkündete Gesetz durch das Bundesverfassungsgericht überprüfen lassen kann.

INHALTSVERZEICHNIS

auch hier wieder ein Mangel in der Gliederung:

dem (1) muss ein (2) folgen! So etwas darf Ihnen nicht passieren!

GUTACHTEN

Jede Hausarbeit ist nach dem bekannten Schema im sogenannten Gutachtenstil aufzubauen.

Gutachtenstil bedeutet:
1. Frage aufwerfen
2. Frage erörtern
3. Frage beantworten.

Die Formulierung: „aus dem Sachverhalt.. erkennbar" sollte vermieden werden. Besser ist es, einfach die Feststellung zu treffen. Also: Das Gesetz ist formell ordnungsgemäß zustande gekommen.

A. Überprüfung der Vereinbarkeit der Änderungen des Kommunalwahlgesetzes mit dem Grundgesetz

Die Änderungen des Kommunalwahlgesetzes durch den Landtag von Nordrhein-Westfalen müssen mit dem Grundgesetz vereinbar sein.

I. Formelle Verfassungsmäßigkeit

Die Änderungen der §§ 15 ff. KWahlG müssten formell verfassungsmäßig sein.

Ein Gesetz ist formell verfassungsmäßig, wenn der Gesetzgeber für die Regelung die notwendige Kompetenz hat und er außerdem das vorgeschriebene Verfahren eingehalten hat.

Aus dem Sachverhalt ist eindeutig erkennbar, dass der Landtag von Nordrhein-Westfalen die Änderungen des Kommunalwahlgesetzes in ordnungsgemäßem Verfahren beschlossen hat.

Somit sind die Änderungen der §§ 15 ff. des KWahlG formell verfassungsmäßig.

II. Materielle Verfassungsmäßigkeit

Die Änderungen der §§ 15 ff. KWahlG müsste auch materiell verfassungsmäßig sein.

1. Verstoß des § 15 I 2 KWahlG gegen die Grundsätze der Wahl (Art. 28 I 2, 38 I 1 GG)

Die Änderung der § 15 I 2 KWahlG dahingehend, dass Wählergruppen in Zukunft keine Wahlvorschläge zu Kommunalwahlen mehr einreichen können, könnte gegen die in Art. 28 I 2, 38 I 1 GG näher konkretisierten Wahlrechtsgrundsätze verstoßen.

Art. 28 I 2 GG schreibt für Volksvertretungen in den Ländern. Kreisen und Gemeinden allgemeine, unmittelbare, freie, gleiche und geheime Wahlen vor, so dass die Wahlgrundsätze des Art. 28 I 2 GG identisch mit den Wahlgrundsätzen des Art. 38 I 1 GG sind.[1] Art. 38 GG gilt nur für die Wahlen zum Bundestag. Die Wahlrechtsgrundsätze des Art. 38 I GG gelten anerkanntermaßen auch darüber hinaus, in Verbindung mit Art. 28 I 2 GG auch als ungeschriebenes Verfassungsrecht für die Wahlen zu allen Volksvertretungen und für politische Abstimmungen.[2]

---

[1] v. Münch/Kunig, Art. 38 Rn. 4.
[2] Pieroth/Schlink, Rn. 1137.

Verstößt eine Maßnahme gegen einen der in Art. 38 I 1 GG genannten Wahlgrundsätze, so wäre deshalb eine entsprechende Maßnahme auch in bezug auf Kommunalwahlen verfassungswidrig.[3]

Im vorliegenden Fall handelt es sich um die Wahl zu einer kommunalen Volksvertretung, für die die Wahlrechtsgrundsätze folglich gelten.

a) Allgemeinheit und Gleichheit der Wahl

Die Änderung des § 15 I 2 KWahlG könnte gegen die Wahlrechtsgrundsätze der Allgemeinheit und Gleichheit der Wahl verstoßen.

aa) Ungleichbehandlung der Wählergruppen

Die Wählergruppen könnten durch die Änderung des § 15 I 2 KWahlG ungleich gegenüber politischen Parteien behandelt werden. Der Grundsatz der Allgemeinheit der Wahl ist - ebenso wie der der Wahlgleichheit - ein besonderer Anwendungsfall des allgemeinen Gleichheitssatzes[4], der selbst Grundrechtscharakter hat und den gesamten Wahlvorgang erfasst[5]. Er unterscheidet sich vom allgemeinen Gleichheitssatz durch seinen formalen Charakter.[6]

Nach der historischen Entwicklung zum Demokratisch-Egalitären hin, die im Grundgesetz für das Wahlrecht in den Ländern, Kreisen und Gemeinden in Art. 28 I 2 GG ihren verfassungsrechtlich verbindlichen Ausdruck gefunden hat, ist davon auszugehen, dass jedermann seine staatsbürgerlichen Rechte in formal möglichst gleicher Weise soll ausüben können.[7] Demnach verbleibt dem Gesetzgeber nur ein eng bemessener Spielraum für Differenzierungen[8], so dass diese besonderer rechtfertigender Gründe bedürfen.[9]

Das daraus folgende Gebot der strengen Gleichbehandlung durch den Gesetzgeber erstreckt sich nicht nur auf die politischen Parteien, sondern auch auf andere Gruppen oder Bewerber, die mit ihnen in den Wettbewerb um Wählerstimmen treten, mithin auf der kommunalen Ebene kraft der Vereinigungsfreiheit (Art. 9 GG) auch auf die örtlich gebundenen Wählervereinigungen.[10]

Die Prüfung erscheint an dieser Stelle etwas unübersichtlich. Sinnvoller wäre es hier, noch deutlicher herauszustellen, was gefragt ist und worum es geht.

Art. 28 II GG gewährleistet Gemeinden das Recht, alle Angelegenheiten der örtlichen Gemeinschaft im Rahmen der Gesetze in eigener Ver-

---

[3] BVerfGE 47, 253 (276/277).
[4] Schachtschneider, JR 1975, S. 89 (89).
[5] Stern, StR 1, § 10 II 3a.
[6] BVerfGE 57, 43 (56).
[7] Rinck, Zeidler-FS, S. 1124 f.
[8] BVerfGE 11, 266 (271f.).
[9] BVerfGE 78, 350 (358), st. Rspr.
[10] BVerfGE 78, 350(358);

antwortung zu regeln.[11] Kommunale Selbstverwaltung bedeutet in ihrem Wesen und ihrer Intention nach Aktivierung der Beteiligten für ihre eigenen Angelegenheiten.[12] Es muss also auch ortsgebundenen, lediglich kommunale Interessen verfolgende Wählergruppen das Wahlvorschlagsrecht und deren Kandidaten eine chancengleiche Teilnahme an den Kommunalwahlen gewährleistet sein.[13]

Der Verstoß ist gerechtfertigt, d.h. er verstößt nicht gegen das Grundgesetz und ist damit rechtmäßig, wenn sich ein rechtfertigender Grund finden lässt

Die Möglichkeit, Wahlvorschläge zu machen, ist ein Kernstück des Bürgerrechts auf aktive Teilnahme an der Wahl,[14] so dass die Wahlgrundsätze auch für die Wahlvorbereitungen gelten, also auch für die Kandidatenaufstellung.[15] Dabei muss auch zwischen politischen Parteien und unabhängigen Wahlbewerbern Chancengleichheit bestehen.[16]

Durch die Änderung des § 15 I 2 KWahlG werden Wählergruppen von zukünftigen Kommunalwahlen ausgeschlossen, so dass keine chancengleiche Teilnahme mehr gewährleistet ist. Folglich werden sie ungleich gegenüber politischen Parteien behandelt.

bb) Vorliegen rechtfertigender, zwingender Gründe

Demnach ist zu prüfen, ob sich die durch den Ausschluss von den Kommunalwahlen herbeigeführte Ungleichbehandlung der Wählergruppen rechtfertigen lässt.

Damit die Ungleichbehandlung der Wählergruppen verfassungsrechtlich gerechtfertigt wäre, müssten besonders rechtfertigende, zwingende Gründe vorliegen. Demnach muss die Beschränkung also zum Schutz eines besonders wichtigen, überragenden Gemeinschaftsguts zwingend erforderlich sein.[17]

(1) Keine ausreichende Kontrolle über Wählergruppen

Ein besonders zwingender, rechtfertigender Grund könnte darin gesehen werden, dass Wählergruppen nicht derselben Kontrolle unterlägen wie Parteien und oft unklar sei, von welchen Interessen sie bestimmt würden.

Vor der Wahl müssen auch Wählergruppen vermehrt an die Öffentlichkeit treten, um überhaupt eine Chance zu haben, gewählt zu werden. Auf diese Art und Weise können sie gezwungen werden, ihre Ziele und die Art und Weise, wie sie sie erreichen wollen, offen zu legen.

---

[11] BVerfGE 11, 266 (273).
[12] BVerfGE 11, 266 (275).
[13] BVerfGE 11, 266 (276).
[14] BVerfGE 41, 399 (417).
[15] BVerfGE 11, 266 (272); 13, 1 (13).
[16] Schmidt-Bleibtreu/Klein. Art. 38 Rn. 11.
[17] NJW 1976, S. 560 (563).

Außerdem sind Wahlvorschläge von Einzelbewerbern immer noch zulässig, obwohl demzufolge bezweifelt werden könnte, ob diese immer über eine dementsprechende demokratische Legitimation verfügen.

Noch hinzukommend gilt es die Differenzierungsverbote des Art. 3 III GG zu beachten. Demzufolge darf die Allgemeinheit der Wahl gerade nicht zum Zwecke politischer Disziplinierung oder prophylaktischen Verfassungsschutzes beschränkt werden.[18]

Folglich ist die angebliche fehlende Kontrolle über Wählergruppen kein erforderlicher und besonders zwingender Grund, der ihren völligen Ausschluss rechtfertigen könnte.

(2) Keine Privilegierung der Wählergruppen

Hier wird an dieser Stelle nicht exakt deutlich, was Folge davon ist, dass die Wählergruppen nicht gegenüber Parteien privilegiert werden

Solch ein zwingender Grund könnte darin liegen, dass Wählergruppen auf kommunaler Ebene den politischen Parteien gegenüber nicht privilegiert werden sollen.

Art. 28 II GG garantiert einen Kernbestand der Selbstverwaltung und verbietet, die tatsächliche Vorherrschaft der politischen Parteien zu Lasten der Wählergruppen durch Wahlrechtsprivilegien institutionell zu verfestigen. Demnach lässt Art. 28 II GG nur zu, dass die politischen Parteien ihre Vorherrschaft im kommunalen Raum in fairem Wettbewerb gegen Wählergruppen erringen und stets aufs Neue behaupten.[19]

Die Parteien müssen ihre Vorherrschaft durch die Änderung des KWahlG nicht mehr in fairem Wettbewerb gegen Wählergruppen erringen, sondern sie erhalten das alleinige Wahlvorschlagsrecht. Somit werden nicht die Wählergruppen, sondern die Parteien durch die Änderung des KWahlG privilegiert.

(3) Möglichkeit der Organisation als Parteien

Ein anderer zwingender Grund könnte die Möglichkeit der Wählergruppen sein, sich als Parteien organisieren zu können. Wählergruppen beschränken ihre Tätigkeit regelmäßig auf einen territorial begrenzten Bereich und auf die Realisierung bestimmter Einzelinteressen staatspolitischer Natur oder besonderer Belange der örtlichen Gemeinschaft.[20] Die Parteigründungsfreiheit ist ein Spezialgrundrecht der Vereinigungsfreiheit (Art. 9 GG).[21] Demzufolge verletzt ein Parteigründungszwang, um das Nominationsrecht zu erlangen, die negative Vereinigungsfreiheit im politischen Bereich.[22]

---

[18] Schachtschneider, JR 1975, S. 89 (93).

[19] BVerfGE 11. 351 (365)

[20] Schneider/Zeh-Schreiber. § 1, Rn. 45.

[21] BVerfGE 2, 1 (13).

[22] Schachtschneider, JR 1975, S. 89 (93).

Hier wird wiederum nicht deutlich, was Folge des Verstoßes ist.

Wenn also argumentiert wird, die Wählergruppen könnten sich doch bei hinreichendem Zuspruch als Parteien organisieren, fehlt es dabei also an der Erforderlichkeit des Schutzes eines besonders wichtigen Gemeinguts.

cc) Zwischenergebnis

Demnach sind besonders zwingende, rechtfertigende Gründe, die es gebieten würden, die Wählergruppen bei zukünftigen Kommunalwahlen vom Wahlvorschlagsrecht auszuschließen, nicht vorhanden.

Folglich verstößt die Änderung des § 15 I 2 KWahlG gegen die Grundsätze der Allgemeinheit und Gleichheit der Wahl.

b) Freiheit der Wahl

Die Änderung des § 15 I 2 KWahlG könnte außerdem gegen den Grundsatz der Wahlfreiheit verstoßen.

aa) Schutzbereich

Dazu muss zuerst geprüft werden, ob die Norm in den Schutzbereich der Wahlfreiheit fällt.

Frei ist eine Wahl nur, wenn jeder unmittelbare oder mittelbare Zwang oder Druck unterbleibt, der die Entschließungsfreiheit des Wählers beeinträchtigen könnte.[23] Außerdem bedeutet die Freiheit der Wahl die freie Entschließung über das Ob und Wie der Wahl sowie die Möglichkeit hinreichender Auswahl zwischen verschiedenen Kandidaten bzw. Listen.[24] Demnach gehört zur Wahlfreiheit auch ein freies Wahlvorschlagsrecht für alle Wahlberechtigten,[25] denn dieses Recht ist dem Aktivbürger als integrierender Bestandteil seines Wahlrechts garantiert.[26] Eine gesetzlich erzwungene Verengung des Wahlrechts auf die Auswahl zwischen den von den politischen Parteien aufgestellten Wahlkreiskandidaten liefe auf eine Mediatisierung der keiner Partei angehörenden Bürger hinaus, die der Grundsatz der freien Wahl nicht mehr zulässt.[27] Eine Monopolisierung des Wahlvorschlagsrechts bei den politischen Parteien verstößt daher auch gegen den Grundsatz der Freiheit der Wahl.[28]

Folglich fällt das freie Wahlvorschlagsrecht der Kandidaten in den Schutzbereich der Wahlfreiheit.

---

[23] Hesse, Rn. 146.

[24] Pieroth/Schlink. Rn. 1140.

[25] BVerfGE 47, 282.

[26] BVerfGE 41, 399 (417).

[27] Leibholz/Rinck, Art. 38, Rn. 446.

[28] Stern, StR I, § 10 II 3 d.

bb) Eingriff

Außerdem muss geprüft werden, ob durch den Ausschluss der Wählergruppen ein Eingriff in den Schutzbereich der Wahlfreiheit vorliegt.

Ein Eingriff ist jedes staatliche Handeln, das dem einzelnen ein Verhalten, das in den Schutzbereich eines Grundrechts fällt, unmöglich macht.[29]

Durch die Änderung des § 15 I 2 KWahlG wird es den Wählergruppen nicht mehr ermöglicht, Wahlvorschläge für die Kommunalwahlen einzureichen. Demnach liegt also ein Eingriff in den Schutzbereich der Wahlfreiheit vor.

Hier:

Definition

„Eingriff" !!

cc) Verfassungsmäßige Rechtfertigung des Eingriffs

Nunmehr ist zu prüfen, ob der festgestellte Grundrechtseingriff durch entsprechende Schranken gedeckt und deshalb verfassungsmäßig ist. Art. 38 III GG beinhaltet keinen Eingriffe rechtfertigenden Gesetzesvorbehalt, sondern verlangt lediglich die nähere Ausgestaltung des Wahlrechts in dem durch die Wahlrechtsgrundsätze vorgegebenen Rahmen durch die Gesetzgebung des Bundes.[30] Demnach ermächtigt er nicht zu einer form- und verfahrensmäßigen Verkürzung und zu Eingriffen in die Rechte des Art. 38 1 GG.[31]

Ferner ist dann fraglich, ob der bejahte Eingriff von den Schranken gedeckt ist. Dafür müsste allerdings eine Schranke, sprich ein Eingriffsvorbehalt vorhanden sein.

Bei den Grundrechten ohne Gesetzesvorbehalt kann die Vollmacht des Gesetzgebers nicht weiter gehen, als die Grenzen der Reichweite der Schutzbereiche der Grundrechte (immanente Schranken) nachzuziehen.[32]

Folglich sind auch Beschränkungen der Wahlrechtsgrundsätze nur im Sinne immanenter Schrankenziehung möglich.[33]

(1) Verhältnismäßigkeit

Demnach ist zu prüfen, ob der Eingriff in den Schutzbereich verhältnismäßig ist.

Der Eingriff müsste verhältnismäßig sein.

Der Grundsatz der Verhältnismäßigkeit verlangt zunächst, dass der vom Staat verfolgte Zweck als solcher verfolgt werden darf und dass das Mittel als solches eingesetzt werden darf.[34]

Der vom Landtag verfolgte Zweck der Änderung des KWahlG ist es, Wählergruppen, die von zweifelhaften Interessen bestimmt sind, von

In der Feststellung der Verhältnismäßigkeit liegt häufig ein großes Problem einer Hausarbeit. Daher muss man sich insbesondere damit intensiv befassen.

[29] Pieroth/Schlink, Rn. 223.

[30] Kunig, Jura 1994, S. 554 (555).

[31] Pieroth/Schlink, Rn. 1153.

[32] Pieroth/Schlink. Rn. 270.

[33] Kunig, Jura 1994, S. 554 (555).

[34] Pieroth/Schlink, Rn. 390.

der Kommunalwahl auszuschließen und einer möglichen Privilegierung derselben auf kommunaler Ebene entgegenzutreten.

Das eingesetzte Mittel ist der völlige Ausschluss aller Wählergemeinschaften. Dem steht aber Art. 28 II GG entgegen, der Gemeinden das Recht gewährleistet, alle Angelegenheiten der örtlichen Gemeinschaft im Rahmen der Gesetze in eigener Verantwortung zu regeln.[35] Demzufolge muss also auch ortsgebundenen, lediglich kommunale Interessen verfolgende Wählergruppen das Wahlvorschlagsrecht und deren Kandidaten eine chancengleiche Teilnahme an den Kommunalwahlen gewährleistet sein.[36]

Somit ist zwar der verfolgte Zweck legitim, das eingesetzte Mittel jedoch nicht und demnach ist der Eingriff in den Schutzbereich der Freiheit der Wahl nicht verhältnismäßig.

(2) Zwischenergebnis

Somit ist die Änderung des § 15 I 2 KWahlG nicht durch Schranken gedeckt und demzufolge nicht mit dem Grundsatz der Freiheit der Wahl vereinbar.

c) Ergebnis

Folglich verstößt die Änderung des § 15 I 2 KWahlG gegen die in Art. 28 I 2 GG konkretisierten Grundsätze der Allgemeinheit, Gleichheit und Freiheit der Wahl und ist demnach nicht mit dem Grundgesetz vereinbar.

2. Verstoß des § 15 II 3 2. Hs. KWahlG gegen die Grundsätze der Wahl (Art. 28 I 2, 38 I 1 GG)

Die Änderung des § 15 II 3 2. Hs. KWahlG dahingehend, dass Wahlvorschläge von Einzelbewerbern, die bei der letzten Wahl nicht als Einzelbewerber erfolgreich waren, von einem Zehntel der Wahlberechtigten unterzeichnet sein müssen, könnte gegen die in Art. 28 I 2 und Art. 38 I 1 GG näher konkretisierten Wahlrechtsgrundsätze verstoßen.

a) Geheimheit der Wahl

In Betracht käme ein Verstoß gegen den Grundsatz der Geheimheit der Wahl.

---

[35] BVerfGE 11, 266 (273).
[36] BVerfGE 11, 266 (276).

aa) Schutzbereich

Dazu müsste die Regelung in den Schutzbereich der Norm fallen.

Der Grundsatz der geheimen Wahl steht in Zusammenhang mit der freien Wahl und soll eine unbeeinflusste Stimmabgabe gewährleisten.[37] Es ist nicht nur ein individuelles Recht des Wählers selbst, sondern auch eine institutionelle Garantie der Wahl.[38]

Außerdem bezieht er sich auch auf die Wahlvorbereitungen, die notwendig zur Verwirklichung des staatsbürgerlichen Rechts der Wahl gehören.[39] Wahlvorbereitung und Wahlakt üben in ihrer Gesamtheit eine integrierende Funktion aus, stellen deshalb eine Einheit dar und dürfen daher bei ihrer rechtlichen Bewertung nicht getrennt werden.[40]

Hieraus ergibt sich, dass auch im Rahmen der Wahlvorbereitungen der Wähler grundsätzlich sein Verhältnis zu einer politischen Partei in der Öffentlichkeit nicht darzutun braucht und der Gesetzgeber besondere Gründe haben muss, wenn er den Grundsatz der geheimen Wahl durchbricht.[41]

Demzufolge fällt die persönliche und handschriftliche Unterschrift der Wahlberechtigten unter die Wahlvorschläge der Einzelbewerber in den Schutzbereich der Geheimheit der Wahl.

bb) Eingriff

Fraglich ist aber, ob überhaupt ein Eingriff in den Schutzbereich des Grundsatzes der geheimen Wahl vorliegt.

Das BVerfG vertritt in ständiger Rechtsprechung[42] die Ansicht, dass in einem Unterschriftenquorum ein solcher Eingriff vorliege und dass dieses für Wahlvorschläge dadurch gerechtfertigt sein kann, dass es zur ordnungsgemäßen Durchführung der Wahl unbedingt erforderlich sei.[43]

Die Gegenansicht vertritt die Meinung, dass eine derartige Unterschrift nicht zwingend auf die Wahlentscheidung des Wählers schließen lässt und somit keine Beeinträchtigung der Geheimheit der Wahl darstellt.[44]

Da man schon zuvor die allgemeine Definition des Eingriffs in den Schutzbereich eines Grundrechts gebracht hat, ist es hier nicht erforderlich den Begriff des Eingriffs erneut zu definieren.

Vielmehr würde es wohl von vielen als falsch angesehen.
Denn man darf den Grundsatz nicht vergessen:

„Alles, was überflüssig ist, ist FALSCH!“

---

[37] Stober, § 4 II 4 e.
[38] v. Münch, StR I, Rn. 186.
[39] v.Münch/Kunig, Art. 38, Rn. 62.
[40] Leibholz/Rinck, Art. 38, Rn. 456.
[41] BVerfGE 4, 386 f.; 12, 35.
[42] BVerfGE 12, 33 (35); 12, 132 (135).
[43] BVerfGE 12 135 (137).
[44] v.Münch/Kunig, Art. 38, Rn. 63

Durch die Änderung des § 15 II 3 2. Hs. KWahlG müssen die Wahlberechtigten die Wahlvorschläge der Einzelbewerber persönlich und handschriftlich unterzeichnen. Demnach müssen sie ihr Verhältnis zu diesen Einzelbewerbern in der Öffentlichkeit darlegen und somit liegt ein Eingriff in den Schutzbereich der Geheimheit der Wahl vor.

cc) Verfassungsmäßige Rechtfertigung des Eingriffs

Demnach ist zu prüfen, ob der festgestellte Eingriff durch entsprechende Schranken gedeckt und daher verfassungsmäßig ist.

Wie oben bereits erörtert,[45] sind Beschränkungen der Wahlrechtsgrundsätze nur im Sinne immanenter Schrankenziehung möglich.

(1) Verhältnismäßigkeit

Der Eingriff in den Schutzbereich der Geheimheit der Wahl müsste verhältnismäßig sein.

Hier wird die konsequente Einhaltung des Gutachtenstils gut deutlich:

Die oben aufgeworfenen Fragen und Fragestellungen werden hier jeweils abschließend beantwortet.

Dabei ist es wichtig, zu jedem Prüfungspunkt ein Ergebnis zu verfassen: Nach dem in der Einleitung beschriebenen Motto:

„Wer A sagt, muss auch B sagen..."

Der Grundsatz der Verhältnismäßigkeit verlangt zunächst, dass der vom Staat verfolgte Zweck als solcher verfolgt werden darf und dass das Mittel als solches eingesetzt werden darf.[46] Außerdem muss die Grundrechtsbegrenzung geeignet sein, den Schutz des Rechtsgutes zu bewirken, um dessentwillen sie vorgenommen wird und sie muss hierzu erforderlich sein.[47] Dies bedeutet, dass der Zweck nicht durch ein gleich wirksames, aber weniger belastendes Mittel erreichbar sein darf.[48]

Die Vermeidung der Zersplitterung der Wählerschaft und Erhaltung der handlungsfähigen Kommunen ist demzufolge ein legitimer Zweck. Das Unterschriftsquorum ist als Mittel geeignet, nur ernsthafte Bewerber zu den Wahlen zuzulassen. Ein milderes Mittel als das Erfordernis der persönlichen Unterzeichnung der Wahlvorschläge ist auch nicht ersichtlich.

(b) Zwischenergebnis

Somit ist die Durchbrechung des Wahlgeheimnisses durch das Unterschriftenquorum als zulässig anzusehen ist.

Folglich ist der Eingriff, nämlich die Einführung eines Unterschriftenquorums für Einzelbewerber, verfassungsmäßig gerechtfertigt.

---

45 Siehe oben.

46 Pieroth/Schlink, Rn. 290.

47 Hesse, Rn. 318.

48 Pieroth/Schlink, Rn. 295.

dd) Zwischenergebnis

Somit verstößt die Änderung des § 15 II 3 2.Hs nicht gegen den Grundsatz der geheimen Wahl.

b) Allgemeinheit und Gleichheit der Wahl

Die Änderung des § 15 II 3 2.Hs KWahlG könnte aber gegen die Grundsätze der Allgemeinheit und Gleichheit der Wahl verstoßen.

aa) Ungleichbehandlung der Einzelbewerber

Die Einzelbewerber müssten durch die Änderung des KWahlG ungleich behandelt werden. Wie oben bereits erörtert,[49] hat das BVerfG den Grundsatz der gleichen Wahl über die Gleichheit des Erfolgswerts hinaus auch auf den Wahlkampf, also auf die Meinungsbildung vor der Wahl, ausgedehnt.[50]

Also verbleibt dem Gesetzgeber nur ein eng bemessener Spielraum für Differenzierungen,[51] so dass diese besonderer rechtfertigender Gründe bedürfen.[52]

Kennzeichnend für die Grundsätze der Allgemeinheit und Gleichheit der Wahl ist ihr formaler Charakter: Jeder soll sein aktives und passives Wahlrecht in formal möglichst gleicher Wahl ausüben können.[53]

Das Erfordernis einer gewissen Zahl von Unterschriften für die Einreichung gültiger Wahlvorschläge führt dazu, dass sich nicht jeder Wählbare zur Wahl stellen kann, sondern nur derjenige, der genügend Unterschriften gesammelt hat. Insofern schränkt diese Maßnahme die Allgemeinheit der Wahl bei der Durchführung des Wahlaktes ein.[54]

Außerdem führt es zur Nichtberücksichtigung der Wahlvorschläge aller derjenigen, die nicht die erforderliche Unterschriftenzahl aufgebracht haben und beschränkt insoweit die Gleichheit des Wahlvorschlagerechts.[55]

Durch die Änderung des KWahlG werden nur diejenigen Bewerber zur Wahl zugelassen, die genügend Unterschriften gesammelt haben und alle anderen Wahlvorschläge werden nicht berücksichtigt.

---

[49] Siehe oben.

[50] Stein, § 11 II 2.

[51] BVerfGE 11, 266 (271 f.).

[52] BVerfGE 78, 350 (358), st. Rspr.

[53] BVerfGE 13, 243 (246), 36, 139 (141).

[54] Zuck, Rn. 329.

[55] Zuck, Rn. 329.

Also werden die Einzelbewerber durch die Änderung des § 15 II 3 2. Hs KWahlG ungleich behandelt und somit werden die Grundsätze der allgemeinen und gleichen Wahl eingeschränkt.

bb) Verfassungsmäßigkeit der Einschränkung

Die Einschränkung der Grundsätze der Allgemeinheit und Gleichheit der Wahl müsste durch besonders zwingende Gründe gerechtfertigt sein.

(1) Zwingende verfassungsrechtliche Gründe

Die Änderung des § 15 II 3 2. Hs. KWahlG könnte durch zwingende verfassungsrechtliche Gründe gerechtfertigt sein.

Solche Gründe rechtfertigen eine Durchbrechung der Chancengleichheit, wenn und soweit diese erforderlich ist, damit ein mindestens gleichrangiges Verfassungsprinzip voll verwirklicht werden kann.[56] Gründe dieser Art sind nicht ersichtlich.

(2) Zwingende verfassungspolitische Gründe

Die Einführung des Unterschriftsquorums für Einzelbewerber könnte aber durch verfassungspolitische Gründe gerechtfertigt sein. Zwingende verfassungspolitische Gründe können eine Durchbrechung der Chancengleichheit, wenn und soweit sie erforderlich ist, rechtfertigen, um die der Verfassung zugrunde liegenden Funktionsprinzipien zu wahren - damit z. B. das Institut der Wahl seinen verfassungspolitischen Zweck voll erfüllen kann.[57]

Ein legitimes Ziel der Unterschriftenquoren ist es, der Stimmzersplitterung vor der Wahl zu begegnen,[58] um den Wahlakt auf ernsthafte Bewerber zu beschränken.[59] Dadurch soll das Stimmgewicht der einzelnen Wählerstimmen gesichert werden.[60] Demzufolge ist die Möglichkeit, das Wahlvorschlagsrecht durch Unterschriftenquoren zu beschränken, grundsätzlich anerkannt.[61]

Hier wird der „sture" Aufbau einer Hausarbeit im öffentlichen Recht deutlich...

(a) Verhältnismäßigkeit

Fraglich ist aber, ob die Anzahl der Unterschriften, die für einen Wahlvorschlag eines Einzelbewerbers notwendig sind, mit einem Zehntel der Wahlberechtigten des Wahlbezirks nicht zu hoch angesetzt ist und ob der Einsatz dieses Mittels in dieser Form erforderlich ist.

---

[56] Jülich, S. 106.
[57] Jülich, S. 106.
[58] Rinck, Zeidler-FS. S. 1128.
[59] BVerfGE 3, 19 (37).
[60] BVerfGE 60, 163 (168) m.w.N.
[61] Rinck. Zeidler-FS. S. 1128.

Der mit dem Unterschriftenquorum verfolgte Zweck verlangt eine gewisse Mindestzahl von Unterschriften, denn das Erfordernis einer bestimmten Zahl von Unterschriften ist nur sinnvoll, wenn sich aus der Zahl der Unterschriften der Schluss auf die Ernsthaftigkeit des Wahlvorschlags rechtfertigt.[62] Dieses Erfordernis muss sich jedoch in einem engen Rahmen halten, um der Wählerentscheidung möglichst wenig vorzugreifen. Demnach darf die notwendige Unterschriftenzahl nicht so hoch sein, dass einem neuen Bewerber die Teilnahme an der Wahl praktisch unmöglich gemacht oder übermäßig erschwert wird.[63]

Immer wieder sind bei einem möglichen Grundrechtsverstoß die gleichen Prüfungsschritte durchzugehen:

- *Schutzbereich*
- *Eingriff in diesen?*
- *Rechtfertigung insb. VHMK*

Unter diesen Blickpunkten hat das BVerfG in seiner Rechtsprechung zu Bundes- und Landtagswahlgesetzen ein Quorum von 0,25 % der Wahlberechtigten als Grenze des Zulässigen angesehen.[64]

Die Änderung des § 15 II 3 2.Hs KWahlG sieht vor, dass künftig ein Zehntel der Wahlberechtigten eines Wahlbezirks die Wahlvorschläge der Einzelbewerber unterzeichnen müssen. Folglich liegt dieses Quorum deutlich über der Grenze des Zulässigen und also ist der Einsatz dieses Mittels in dieser Form nicht erforderlich.

(b) Zwischenergebnis

Somit ist die Ungleichbehandlung der Einzelbewerber nicht verfassungsmäßig gerechtfertigt.

Also liegt in der Änderung des § 15 II 3 2.Hs KWahlG ein Verstoß gegen die Grundsätze der allgemeinen und gleichen Wahl vor.

c) Ergebnis

Folglich verstößt die Änderung des § 15 II 3 2.Hs. KWahlG zwar nicht gegen den in Art. 28 I 2, 38 I GG konkretisierten Grundsatz der geheimen Wahl, jedoch gegen die Grundsätze der Allgemeinheit und Gleichheit der Wahl und ist demnach nicht mit dem Grundgesetz vereinbar.

---

[62] BVerfGE 4, 375 (384).

[63] BVerfGE 71, 81 (97).

[64] Vgl. BVerfGE 3, 19 (23 ff.); 4, 375 (384 ff.).

Üblicherweise erfolgt die Prüfung in einer Hausarbeit oder auch Klausur andersherum. Zunächst wird die Zulässigkeit und dann die Begründetheit einer Verfassungsbeschwerde oder ähnlichem Rechtschutzmittel zu prüfen sein.

Hier ergab sich die besondere Prüfungsreihenfolge jedoch direkt aus der Aufgabestellung.

Die Aufgabe hätte auch sein können, die Zulässigkeit und Begründetheit des Antrags der Bürgerinitiative zu prüfen.

Problematisch ist an dieser Stelle also, ob die Bürgerinitiative selbst – quasi als „Person" – Verfassungsbeschwerde erheben kann oder ob die jeweiligen Bürger Verfassungsbeschwerde erheben müssen?!

B. Zulässigkeit der Überprüfung des Gesetzes durch das Bundesverfassungsgericht

Fraglich ist, ob gegen die Änderung des KWahlG die Verfassungsbeschwerde zulässiges und statthaftes Rechtschutzmittel ist.

I. Zulässigkeit einer Verfassungsbeschwerde zum BVerfG (Art. 93 I Nr. 4a GG; §§ 13 Nr. 8a, 90 ff. BVerfGG)

Nach der Verkündung der Änderung der §§ 15 ff KWahlG käme eine Verfassungsbeschwerde zum BVerfG gemäß Art. 93 I Nr. 4a GG i.V.m. §§ 13 Nr. 8a, 90 ff. BVerfGG wegen Verletzung des Art. 3 I GG in Betracht.

Eine Verfassungsbeschwerde gegen ein Kommunalwahlgesetz kann nämlich nicht mit der Behauptung, das Gesetz verletze die Art. 38 und 28 GG erhoben werden.[65] Allerdings können nach der ständigen Rechtsprechung des BVerfG Wahlgesetze unter Berufung auf eine Verletzung des Art. 3 I GG mit der Verfassungsbeschwerde angegriffen werden.[66]

1. Antragsberechtigung

Die Bürgerinitiative B müsste zunächst überhaupt antragsberechtigt sein.

Das Recht, Verfassungsbeschwerde zu erheben, steht nach § 90 1 BVerfGG „jedermann" zu, wenn er behaupten kann, in einem seiner Grundrechte oder grundrechtsgleichen Rechte beeinträchtigt worden zu sein.[67] „Jedermann" und damit beteiligungs- oder parteifähig ist demnach nur derjenige, der grundrechtsfähig ist.[68]

Zweifelhaft ist aber, ob die Bürgergemeinschaft B Träger von Grundrechten sein kann.

Art. 19 III GG erstreckt die Geltung der Grundrechte ausdrücklich auf inländische juristische Personen, soweit sie ihrem Wesen nach auf sie anwendbar sind.[69]

Auch Personenvereinigungen, die nach dem bürgerlichen Recht nicht rechtsfähig sind, können Träger von Grundrechten sein.[70] Auch nur locker zusammenhängende Personengemeinschaften können eigene Grundrechte geltend machen, wenn sie nur über eine gewisse binnenorganisatorische Struktur verfügen, wie z.B. Bürgerinitiative.[71]

---

[65] Leibholz/Rinck, Art. 38 Rn. 471.
[66] Leibholz/Rinck, Art. 38 Rn. 472
[67] Benda/Klein, Rn. 361.
[68] Erichsen, Jura 1979, S. 279 (279).
[69] Zuck, Rn. 521.
[70] Benda/Klein, Rn. 362.
[71] Robbers, JuS 1993, S. 737 (740).

Außerdem müsste Art. 3 GG seinem Wesen nach auf B anwendbar sein. Es ist in bezug auf Art. 3 I GG anerkannt, dass auch nicht rechtsfähige Gruppen Grundrechtsträger sein können.[72]

Somit ist auch die Bürgergemeinschaft B als juristische Person grundrechtsfähig und folglich antragsberechtigt nach § 90 I BVerfGG.

2. Beschwerdegegenstand

Außerdem müsste ein zulässiger Beschwerdegegenstand vorliegen. Gegenstand einer Verfassungsbeschwerde kann nach § 90 I BVerfGG jeder Akt der öffentlichen Gewalt sein, also Akte der vollziehenden Gewalt und der Rechtsprechung wie der Gesetzgebung (§§ 93 II BVerfGG).[73]

Das Gesetzgebungsverfahren wird mit der Verkündung des Gesetzes abgeschlossen (Art. 82 GG). Es können nur solche Akte Gegenstand einer Verfassungsbeschwerde sein, die Rechtswirkungen entfalten, so dass Verfassungsbeschwerden gegen ein Gesetz grundsätzlich so lange unzulässig bleiben, als es nicht in Kraft getreten ist.[74] Allgemein wird davon ausgegangen, dass auch zum Zeitpunkt der Verkündung des Gesetzes noch keine Verfassungsbeschwerde erhoben werden kann, da es auch in Kraft getreten sein muss, um sich auf Grundrechte auswirken zu können.[75] Ausnahmsweise wird allerdings die Zulässigkeit zum Zeitpunkt der Verkündung dann bejaht, wenn das verkündete, wenn auch noch nicht in Kraft getretene Gesetz faktische Wirkung erzeugt.[76]

Die Argumentation, warum B vor Inkrafttreten der Gesetzesänderungen bereits Verfassungsbeschwerde erheben darf, ist etwas dürftig und knapp. Wenn man auch davon ausgehen kann, dass das Ergebnis richtig ist, sollten noch ein oder zwei Sätze mehr dazu gesagt werden.

Die Wählergruppen müssen in der Lage sein, ihren nächsten Wahlkampf rechtzeitig planen zu können, so dass das noch nicht in Kraft getretene Gesetz in diesem Fall bereits faktische Wirkung erzeugt. Somit liegt ein zulässiger Beschwerdegegenstand vor.

3. Beschwerdebefugnis

B müsste außerdem beschwerdebefugt sein.

Nach § 90 I BVerfGG ist die Verfassungsbeschwerde nur zulässig, wenn der Beschwerdeführer behauptet, in einem seiner Grundrechte oder grundrechtsgleichen Rechte verletzt zu sein.[77]

a) Subjektive Betroffenheit

Der Beschwerdeführer muss nach ständiger Rechtsprechung des BVerfG [78] selbst, gegenwärtig und unmittelbar betroffen sein.

---

[72] BVerfGE 78, 232 (247).

[73] Pieroth/Schlink, Rn. 1231.

[74] Robbers, JuS 1993, S. 737 (743).

[75] Benda/Klein, Rn. 422.

[76] Benda/Klein. Rn. 422.

[77] Pieroth/Schlink, Rn. 1234.

Hier fehlt auch ein weiterer Satz dazu, warum B denn gegenwärtig betroffen ist, wenn das Gesetz erst in Zukunft in Kraft treten wird.

Im Übrigen ist es auch möglich, positiv zu definieren, wann ein Tatbestandsmerkmal – wie hier die unmittelbare Betroffenheit – vorliegt.

aa) Selbstbetroffenheit

B müsste behaupten, in einem ihrer Grundrechte oder grundrechtsgleichen Rechte verletzt zu sein.

Richtet sich die Verfassungsbeschwerde gegen ein Gesetz, so muss der Beschwerdeführer Normadressat sein.[79] Damit ist eine Popularklage ausgeschlossen.[80]

B ist Normadressat des KWahlG und damit selbst betroffen.

bb) Gegenwärtige Betroffenheit

B müsste außerdem gegenwärtig betroffen sein.

Der Beschwerdeführer ist nicht gegenwärtig betroffen, wenn das Gesetz ihm gegenüber noch keine Regelungswirkung entfaltet, sei es, weil es noch nicht in Kraft getreten ist, sei es, weil der Beschwerdeführer im Zeitpunkt der Verfassungsbeschwerde weder von der Regelung des Gesetzes erfasst noch dies jedenfalls in naher Zukunft voraussehbar der Fall sein wird.[81]

In diesem Fall wird B aber schon bei den nächsten Kommunalwahlen, also in naher Zukunft, von der Regelung des Gesetzes erfasst und ist demnach gegenwärtig betroffen.

cc) Unmittelbare Betroffenheit

B müsste außerdem unmittelbar betroffen sein.

Die unmittelbare Betroffenheit fehlt, wenn nicht der angegriffene Akt selbst, sondern erst ein notwendiger oder in dem Verwaltungsakt üblicher Vollzugsakt in Grundrechte des Beschwerdeführers eingreift.[82]

Das ist hier nicht der Fall und somit ist B unmittelbar betroffen.

dd) Zwischenergebnis

B ist folglich in ihren Grundrechten oder grundrechtsgleichen Rechten subjektiv betroffen.

b) Möglichkeit der behaupteten Verletzung

Der Beschwerdeführer ist nur beschwerdebefugt, wenn sich aus seinem Sachvortrag mit hinreichender Deutlichkeit die Möglichkeit einer Verletzung seiner Grundrechte oder grundrechtsähnlichen Rechte ergibt.[83]

---

[78] BVerfGE 1, 97 (101 f.)
[79] Benda/Klein, Rn. 485.
[80] BVerfGE 79, 1 (14).
[81] Erichsen, Jura 1979, S. 279 (335).
[82] BVerfGE 70, 35 (50f.).
[83] BVerfGE 28, 17 (19).

Aus dem Sachverhalt sind keine Anhaltspunkte ersichtlich, dass eine Möglichkeit der Verletzung der Grundrechte oder grundrechtsähnlichen Rechte der B ausgeschlossen ist und demnach ist B beschwerdebefugt.

Würde man fordern, dass B erst durch die Instanzen klagen muss, ginge in diesem Fall der effektive Rechtsschutz verloren.

4. Erschöpfung des Rechtsweges

B müsste auch den Rechtsweg erschöpft haben.

Gemäß § 90 II 1 BVerfGG kann die Verfassungsbeschwerde erst nach Erschöpfung des Rechtswegs erhoben werden, wenn ein solcher gegen die Verletzung eröffnet ist.[84] Jedoch gibt schon Art. 19 IV GG eine umfassende Rechtsschutzgarantie gegen staatliche Hoheitsakte, so dass Verfassungsbeschwerden gegen eine Norm den wichtigsten Ausnahmefall von dem Gebot der Rechtswegerschöpfung bilden.[85]

Demnach ist kein Rechtsweg unmittelbar gegen ein Gesetz zulässig und folglich muss B den Rechtsweg nicht erschöpfen.

5. Form

Die Beschwerde der B müsste formgerecht eingereicht werden. Gemäß § 23 I 1 BVerfGG ist die Verfassungsbeschwerde schriftlich einzureichen und ferner nach § 23 I 2 BVerfGG zu begründen.[86] Gemäß § 92 BVerfGG sind in der Begründung das Recht, das verletzt sein soll, und die Handlung oder Unterlassung des Organs oder der Behörde, durch die der Beschwerdeführer sich verletzt fühlt, zu bezeichnen.[87]

6. Frist

Die Beschwerde müsste außerdem fristgerecht erhoben werden. Die Verfassungsbeschwerde gegen eine Norm ist innerhalb eines Jahres seit deren Inkrafttreten zulässig (§ 93 II BVerfGG).[88] Die Änderungen der §§ 15 ff. des KWahlG sind erst vor sechs Wochen verkündet worden und demnach könnte sich B noch innerhalb dieser Jahresfrist an das BVerfG wenden.

II. Ergebnis

Folglich wäre eine Verfassungsbeschwerde der B nach Art. 93 I Nr. 4 a GG i.V. §§ 13 Nr. 8 a, 90 ff. BVerfG bei form- und fristgerechter Erhebung zulässig.

- Ende der Bearbeitung -

[84] Zuck, JuS 1988, S. 370 (374).
[85] Benda/Klein, Rn. 410.
[86] Pieroth/Schlink, Rn. 1268.
[87] Pieroth/Schlink, Rn, 1268.
[88] Benda/Klein, Rn. 559.

Artikelregister (GG)